Marmorpapiere

Gudrun Hetzel · Jürgen Kiefner

Marmorpapiere

Technik und Gestaltung

Otto Maier Ravensburg

Umschlaggestaltung: Ekkehard Drechsel
Fotos: Jürgen Kiefner
Zeichnungen: Gudrun Hetzel
Satz: E. Weishaupt, Meckenbeuren
Gesamtherstellung: Himmer, Augsburg
Printed in Germany

92 91 90 89 4 3 2 1

ISBN 3-473-45408-7

CIP-Titelaufnahme
der Deutschen Bibliothek

Hetzel, Gudrun:
Marmorpapiere: Technik u. Gestaltung / Gudrun Hetzel. [Fotos: Jürgen Kiefner]. – 1. Aufl. – Ravensburg: Maier, 1989
ISBN 3-473-45408-7

INHALT

Der Frühlingsregen
Läßt wieder schöner werden
Fast alle Dinge . . .

Chiyo-ni

MARMORIEREN, EINE ALTE KUNST

Wann und wo die Technik entstand, Farben auf labilen Grund aufzutropfen, zu Mustern zu verziehen und auf Papier zu bringen, kann man nicht mehr genau nachweisen. Man weiß nur, daß die Chinesen das Papier erfunden haben. Neuere Forschungen ergaben, daß es schon im 2. Jh. v. Chr. in China gebräuchlich war. Die Technik des Papiermachens blieb über mehrere Jahrhunderte das streng gehütete Geheimnis der Chinesen. Erst 600 n. Chr. erlernten auch die Japaner diese Kunst. In Japan wurde Papier ein wichtiges Kulturgut. Es wurde bei weitem nicht nur zum Schreiben verwendet. Sogar Fenster und Türen, Schirme und Lampen, Kleider, Hüte und Taschen, Laternen, Drachen, und vieles andere wurde aus Papier gefertigt. Es entwickelte sich zunächst eine große Kunstfertigkeit in der Herstellung sehr verschiedener Papierqualitäten. Von Generation zu Generation wurde dieses Wissen weitergegeben und weiterentwickelt. Die große Achtung, die man in Japan dem Papier entgegenbrachte und heute noch bringt, wird spürbar in dem Ausdruck „Kami wa Kami" – „Papier, ein Geschenk der Götter". Wunderbare Scherenschnitte und Faltarbeiten verschenkte man als Glücksbringer oder dekorierte sie als Raumschmuck. Eine Frau war geachtet, wenn sie besondere Fähigkeiten in der Papierkunst aufweisen konnte. Es ist also nicht verwunderlich, daß in Japan früh der Wunsch entstand, das Papier unterschiedlich einzufärben. Die Geschichte des Buntpapiers entwickelte sich aus dieser Tradition und damit entstand die erste Art der Papierveredelung.

Unter dem Begriff „Buntpapier" faßt man alle Papiere zusammen, die gestrichen, gefärbt, getränkt, bedruckt oder geprägt wurden. Marmorpapiere sind besondere Buntpapiere. Zu ihrer Herstellung benötigt man eine flache Schale mit Kleister, auf den Farben aufgebracht werden. Diese werden zu Mustern verzogen und mit einem Bogen Papier wieder von dem Kleistergrund abgenommen. Vom 8. Jh. an findet man Buntpapiere dieser Art in Japan.

Das Wissen um die Herstellung des Papiers wanderte im Gepäck der islamischen Eindringlinge aus dem chinesischen Kaiserreich über die Pässe des Hindukusch hinab in die arabische Welt. Ob die Technik der Marmorierkunst auf ähnliche Weise in die Türkei gelangte? Sicher ist jedenfalls, daß sie bei den Türken zu großer Blüte kam. Noch heute tragen besondere Marmorpapiere den Namen „Türkisches Papier." Ähnlich wie in Asien arbeitete man gerne mit Gold- und Silberstaub. In erster Linie wurde natürlich der Koran damit geschmückt. Man färbte oft nur die Ränder des Papiers und beschrieb die weiße Fläche. Ebrù-Papiere hießen diese frühen Marmorpapiere, abgeleitet von dem persischen Wort „ebr" (Wolke). Die Perser bevorzugten zartfarbige Marmorpapiere. Sie schrieben darauf Gedichte oder Briefe. Zauberhafte kalligraphische Blätter entstanden. Die arabische Schrift allein schon ist Ausdruck hoher künstlerischer Sensibilität; verbunden mit feinsten Marmorpapieren zeichnete sie den Schreiber aus. Durch Auflegen von Schablonen wurden Flächen ausgespart, die man nach dem Marmorieren beschreiben oder bemalen konnte. Selbst der Schah von Persien schrieb auf marmoriertem Papier, weil es fälschungssicher war. Die feinen Muster lassen kein Radieren und Ausbessern zu. Zu filigran und akkurat ist die Zeichnung eines Mar-

mormusters, als daß man es mit Pinsel und Feder täuschend echt nachbessern könnte. In Deutschland stellte man Buntpapiere ab dem 15. Jh. her. Dies waren einfache, mit dem Schwamm oder Pinsel eingefärbte Papiere.
Erst im 17. Jahrhundert gelangte das Marmorpapier nach Europa. Reisende und Händler brachten diese Buntpapiere mit. Von Holland bezog man Kinderspielzeug, das in kleinen Paketen ankam, die mit Marmorpapier umwickelt waren. Dieses Papier wurde sehr bestaunt. Die Buchbinder verwendeten es, um Buchdeckel damit zu kaschieren. War es nicht groß genug, so wurde angestückelt. Gelehrte und Wissenschaftler befaßten sich damit, das Geheimnis der Herstellung von Marmorpapieren zu erforschen. Jede Buchbinderwerkstatt entwickelte ihre eigenen Rezepturen, die streng geheim gehalten wurden. Die einen erzeugten den gallertartigen Grund aus Gummitragant, andere verwendeten Irisch Moos. Konsistenz und Temperatur des verwendeten Grundes mußten sehr fein auf die jeweilige Farbe abgestimmt sein. Auch die Farben wurden selbst hergestellt.
Das erste deutsche Marmorierlehrbuch schrieb Johann Kunkel 1674. Josef Halfer aus Budapest und Josef Hauptmann aus Gera gaben im ausgehenden 17. Jh. Kurse und stellten Marmorierfarbe für den Verkauf her.
Das Herstellen von Buntpapieren wurde zu einem selbständigen Beruf. Die Beliebtheit der Buntpapiere war unübertroffen. Besonders bevorzugt wurden die Brokatpapiere: Mittels eines erhitzten Stempels wurde ein Dekor aus Metallfolie oder gar aus Blattgold auf das Papier gedruckt. Unter den Marmorpapieren liebte man besonders den Stein-Marmor, der relativ einfach herzustellen war, aber auch die aufwendigen wie Kamm-, Schnecken- und Pfauen-Marmor.
Rund ein Jahrhundert später, nämlich im Jahre 1810, begann der Buchbinder Johann Daniel Knode aus Aschaffenburg, marmoriertes Papier fabrikmäßig herzustellen. Die handgemachten, zeitaufwendigen Originalmarmorpapiere wurden langsam und allmählich verdrängt.
Heute, da wir von Druckerzeugnissen jeglicher Art überhäuft werden, da es gedruckte Schmuckpapiere in Hülle und Fülle gibt, ist das Interesse für die handwerkliche Herstellung einzigartiger Marmorpapiere plötzlich wieder erwacht. Ob es an der Einmaligkeit dieser Blätter liegt, an der Faszination, einem uralten Kunsthandwerk nachzuspüren, oder an dem Vergnügen, mit Farben kreativ zu gestalten, ist schwer zu sagen. Tatsache ist, daß diese Kunst nicht so schnell in Vergessenheit geraten wird.

MATERIAL UND ARBEITSWEISE

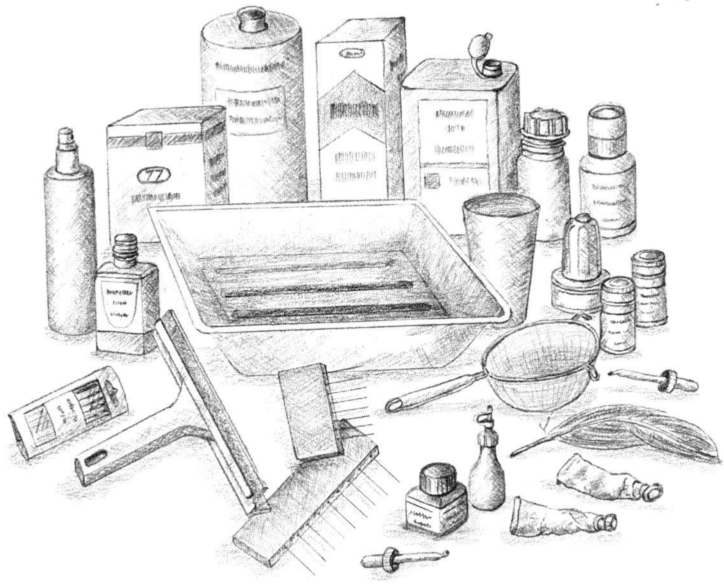

Obwohl eine von alten Meistern über Jahrhunderte entwickelte Technik, ist die Marmorierkunst dennoch nicht ungeeignet für Laien und Hobby-Künstler. Das Arbeitsmaterial ist nicht besonders aufwendig, muß aber besorgt, zusammengetragen, hergestellt und angerührt werden. Auch ist es nützlich, einige Tips und Kniffe zu kennen, die den Umgang mit den Materialien erleichtern.

Farbwanne

Vor allem anderen benötigen Sie eine flache, wasserdichte Schale. Diese wird mit einem speziellen Schleimgrund gefüllt. Auf den Schleimgrund wird die Farbe aufgebracht, das Papier aufgelegt und sofort wieder abgenommen.

Die Buntpapiermacher vergangener Zeiten besaßen hierfür eine spezielle flache Schale, die einen Überlauf hatte. Der Vorteil dabei war, daß man Farbreste und an der Oberfläche verunreinigten Schleim aus der Wanne schieben konnte. Da solche Schalen kaum mehr erhältlich sind, muß man sich mit anderen Wannen behelfen. Praktisch sind beispielsweise Entwicklungsschalen aus dem Fotolabor; aber auch eine flache, rechteckige Haushaltswanne kann den Zweck erfüllen. Da diese Schalen keinen Überlauf besitzen, schneidet man sich Zeitungsstreifen zurecht, mit denen Farbreste vom Schleimgrund abgezogen werden können.

Pinsel und Pipetten

Zum Aufbringen der Farben sind verschiedene Pinsel und Pipetten von Nutzen. Praktisch sind auch kleine Stroh- oder Reisigbesen, womit man die Farben aufspritzen kann. Sie lassen sich leicht aus Stroh- oder Reisigabfällen basteln.

Marmorierkämme

Für die ersten klassischen Marmorpapiere, die in diesem Buch hergestellt werden, sind keine weiteren Hilfsmittel nötig. Später sollen jedoch auch einige klassische Kamm-Marmorpapiere vorgestellt werden. Dafür benötigt man spezielle Marmorierkämme. Die alten Meister konnten in der Blüte der Marmorierkunst auf käufliche Spezialkämme in den verschiedensten Ausführungen zurückgreifen. Für jede Kamm-Marmor Spezialität gab es einen entsprechenden Marmorierkamm im Handel. Heute wird diese Handwerkskunst nicht mehr so intensiv gepflegt, deshalb sind solche Kämme im Handel kaum mehr erhältlich. Es bedarf einiger Erfindungsgabe und Mühe, um sich mit diesen Arbeitsgeräten auszurüsten.

Sehr leicht lassen sich Kämme aus Stopfnadeln und Balsaholz herstellen. Balsaholz erhält man in unterschiedlichen Längen und Dicken im Holzhandel oder Bastelgeschäft. Es sollte gerade verwindungssteif sein, eine Stärke von 1 cm ist ausreichend.

Um später unterschiedliche Muster erzeugen zu können, stellt man gleich mehrere Kämme her. Wenigstens jedoch zwei, die fast so breit wie die Marmorierschale sind und verschiedene Zinkenabstände haben. Balsaholz läßt sich mit einem scharfen Messer, Cutter oder Skalpell schneiden. Die Zähne oder Zinken der Kämme entstehen aus extra langen spitzen Handarbeitsnadeln, sogenannten „Twistnadeln". Beim ersten Kamm steckt man sie im Abstand von 1 cm mit den Nadelöhren in die Unterkante des Balsaholzes. Man braucht hierfür im Holz keine Löcher vorzubohren, denn Balsaholz ist so weich wie Kork. Die Nadeln lassen sich einfach hineindrücken, sie halten dann auch ohne Leim. Sehr praktisch ist zusätzlich ein kurzer Kamm. Mit diesem können einzelne Farbpartien in der Marmorierschale verzogen werden. Für das Pfauenmuster hatten die Meister der Buntpapierkunst besonders raffinierte Kämme mit zwei Zahnreihen, die gegeneinander versetzt waren.

Auch aus Karton lassen sich Marmorierkämme herstellen. Man braucht zwei Pappstreifen pro Kamm, zwischen die man die Nadeln klebt.

Verwendbar sind auch Afrokämme aus der Haarpflege oder normale, alte Kämme, bei denen man die Zinken lichten kann.

Zum Verziehen der Farbtropfen sind außer den Kämmen noch Pinselstiele, Spatel, Stricknadeln, Nähnadeln, Vogelfedern und ähnliche Dinge nützlich.

Die Farben

Ganze Rezeptbücher über das Anrühren der Farben für die Herstellung von Buntpapier sind ehedem entstanden. Gewiß ist es von ganz besonderem Reiz diesen alten Rezepturen nachzuspüren und nach ihren Angaben Farben herzustellen. Das geringste Problem wird die Beschaffung eines Mörsers zum Verreiben der Pigmente sein; die Beschaffung der Pigmente selbst und der dazu nötigen Lösungsmittel werden weit mehr Schwierigkeiten bereiten. Vor den gleichen Problemen steht man, wenn man nach alter Väter Sitte den dazugehörigen Schleimgrund herstellen will.

Da die Marmoriertechnik selbst auch einiger Kenntnisse, Vorbereitungen und Übungen bedarf, sollte man an dieser Stelle von zusätzlichen Experimenten absehen und erst einmal mit Farben arbeiten, die im Handel erhältlich sind. Sehr gut verwenden lassen sich die speziellen Marmorierfarben aus dem Bastelgeschäft und Künstlerbedarfshandel. Ebenfalls tauglich sind Tuschen und feinpigmentierte Lasurfarben, die zwar mit Wasser verdünnt werden können, aber wasserfest auftrocknen. Weniger gerne verwende ich mit Wasser und Ochsengalle verdünnte Künstler-Tempera. Sie ist schwieriger auf den Schleimgrund einzustellen, sinkt häufig ab und verunreinigt schnell den Schleim. Alle aufgeführten Farben müssen verdünnt werden. Am wenigsten die Tuschen, am meisten die Künstler-Tempera. Die Verdünnung der Farben mit Wasser kann zwischen 1:5 und 1:15 liegen.

Zum Ansetzen der Farben eignen sich Joghurtbecher. Besser noch sind kleine Schraubdeckelgläser oder Arzneifläschchen, in denen man die Farben nicht nur anrühren, sondern auch aufbewahren kann. Für die Verdünnung der einzelnen Farben gibt es leider keine Patentrezepte. Immer wieder sind Vorversuche nötig. Denn jedesmal sind mindestens zwei Komponenten im Spiel: die Konsistenz des Grundes und der Farbe.

Bringt man mehrere Farbtöne zusammen, so muß man auch das Verhalten der einzelnen Farbtöne zueinander bei der jeweiligen Verdünnung prüfen.

Obwohl die fertigen Marmorierfarben keine Gebrauchsanweisung tragen, die eine Verdünnung mit Wasser anrät, sollte man gerade diese Farben stark verdünnen. Erst dann neigen sie nicht mehr dazu, abzusinken oder später vom Papier abzublättern. Je nachdem wie stark man sie mit Wasser mischt, breiten sie sich stärker und schneller oder weniger und träger aus.

Mit Wasser verdünnt sind Marmorierfarbe, Tempera und auch Lasurfarbe sofort einsetzbar. Vorversuche macht man, indem man einzelne Farbtropfen in der gewünschten Farbkombination auf den Schleimgrund auftropft und das Verhalten der Farben untereinander und in bezug auf den Schleimgrund prüft. Sinkt eine Farbe ab oder breitet sich nur schwach aus, so muß man sie noch stärker verdünnen; breitet sie sich stärker aus als gewünscht, so ist sie zu dünn. Leider kann man vom Test einer Lasurfarbe nicht auf alle anderen Lasurfarben schließen, denn Grün hat ein anderes Expansionsverhalten wie Rot; die Farbpigmente des einen Farbtons sind schwerer als die eines anderen. Einzelne Farbtöne neigen noch nach großer Verdünnung dazu abzusinken, andere breiten sich schon nach geringer Verdünnung stark aus.

Durch Zugabe von Treibmitteln wie

Ochsengalle, Terpentinöl oder Petroleum kann man das Ausbreiten der Farben ebenfalls beeinflussen. Sie breiten sich dann nicht nur stärker oder schwächer aus, sondern bilden festumschlossene Kreise oder feingliedrige Blüten, Adern oder Tropfen. Das Zugeben von Treibmitteln ist also eine Sache für Leute, die gerne ein bißchen experimentieren. Bei dieser Arbeit sollte man allerdings beachten, daß nicht alle Chemikalien positive Wirkung auf die verwendete Farbe oder den Schleimgrund haben. Es kann leicht passieren, daß bei diesen – wenn sie gelingen – sehr reizvollen Experimenten die Pigmente einer Farbe ausflocken.
Ochsengalle erhält man im Künstlerbedarfshandel, Terpentinöl in der Drogerie. Das nächste Problem ist: Was heute gestimmt hat, stimmt morgen schon nicht mehr. Über Nacht dickt nämlich der Schleimgrund ein. Er muß am nächsten Tag neu verdünnt werden, wenn er nicht schlecht geworden ist.
Besonders Experimentierfreudige beschränken sich wahrscheinlich nicht auf die in diesem Absatz als tauglich befundenen Farben. Mein Mann hat zum Beispiel mit verschiedenen Farbpulvern aus der Kosmetikindustrie experimentiert. Er verwendete Farbpigmente, die im Handel unter den Bezeichnungen Altgold, Feingold, Perlsiena, Bronze und Kupfer angeboten werden, schwemmte diese mit Terpentinöl auf und erhielt eine Suspension, die sich mit Pinsel und Pipetten auf den Schleimgrund aufbringen ließ. Die Ergebnisse waren verblüffend.

Schleimgrund

Das Wesentliche der Marmorierkunst ist der Schleimgrund. Er war es auch, der mir in meinen eigenen Marmorieranfängen die größten Schwierigkeiten bereitete. In Publikationen über die Marmorierkunst wird übereinstimmend immer wieder eine alte Rezeptur für den Schleimgrund zitiert.
Als Grundlage braucht man dafür Irisch Moos oder Isländisch Moos, auch Carrageenmoos genannt. Im Bastelladen erhält man unter dem Namen Irisch Moos wohlduftende Baumflechten aus dem Wald. In der Apotheke wird unter dem Namen Isländisch Moos ein Bronchialtee angeboten.
Die Literatur über die Marmoriertechnik ist sich uneinig, ob dieses zu verwendende Moos eine Meeresalge, eine Flechte, die nur in Island vorkommt, oder eine Heilpflanze ist. Ich kochte laut Rezeptur, was immer ich unter dieser Bezeichnung für teures Geld erstehen konnte. Allein, weder das eine noch das andere wurde zu einem schleimigen Grund.
Was die Marmoriertechnik als solche betrifft, so kommt sie heute durchaus ohne den besagten Schleimgrund aus. Tatsächlich war dieser zugeschnitten auf die speziellen, selbst hergestellten Farben. Wichtig ist also, daß Farbe und Schleimgrund harmonieren und fein aufeinander abgestimmt werden. Mit dem fertigen Marmoriergrund aus dem Bastelgeschäft läßt sich gut arbeiten. Es empfiehlt sich, ihn konzentrierter anzusetzen als auf der Packung angegeben. Sollte der Ansatz zu dick ausfallen, kann man ihn mit Wasser verdünnen. Um Ihnen einen Anhaltspunkt zu geben, wie seine Konsistenz sein sollte: Am besten läßt er sich im breiig-dickflüssigen Zustand verarbeiten.

Während der Arbeit, wenn der Schleimgrund allmählich zäh wird, aber noch nicht zu sehr verunreinigt ist, kann man ihn rasch mit Wasser verdünnen. Sehr gut läßt sich auch mit Tapetenkleister arbeiten.
Besonders filigrane Muster entstehen auf einem etwas teureren Spezialkleister für schwere, auch trocken abziehbare Tapeten.
Wichtig ist, daß der Kleister absolut klumpenfrei ist, denn beim Verziehen der Muster stören solche Unebenheiten sehr. Oft wird der Kleister auch bei vorsichtigem Einstreuen des Pulvers ins Wasser und beständigem Rühren nicht glatt, so daß man ihn durch ein engmaschiges Küchensieb streichen muß.
Noch ein wichtiger Tip: Es ist von Vorteil, das Fassungsvermögen der Marmorierschale abzumessen und die zwei- bis dreifache Menge Schleimgrund anzusetzen, denn er verbraucht sich beim Arbeiten, da man beim Abnehmen der Papierbogen immer etwas Grund mit abnimmt. Auch sinken immer wieder Farben ab oder bleiben beim Abziehen auf dem Grund zurück, so daß der Schleim nach und nach verunreinigt wird.
Tropft man Farbe auf stark gesättigten Schleimgrund auf, so breitet sie sich nicht richtig aus und haftet schlecht auf dem Papier. Beim Abnehmen des Papiers freut man sich noch über die kräftigen Töne, aber schon beginnen die Farben zu zerfließen, und bei der vorsichtigen Reinigung im Wasserbad bleibt fast nichts mehr zurück. Deshalb sollte man immer genügend Grund ansetzen, damit man ihn erneuern kann. Es ist empfehlenswert, den Tapetenkleister am Vorabend anzusetzten, dann kann er durchziehen und quellen und ist am anderen Tag glatt.

Papier

Da man die schönen Farben und Muster haltbar machen möchte, braucht man einen Trägerstoff, mit dem man die Farbe vom Schleimgrund abnehmen kann. Geeignet sind eine ganze Reihe von Materialien. Man kennt beispielsweise Marmorierungen auf Stoff, Leder, Holz oder Eierschalen. Der wichtigste Trägerstoff ist auch zugleich der verarbeitungsfreudigste, nämlich Papier. Grundsätzlich eignet sich jedes saugfähige Papier. Aber es gibt Papiere, die besser zu handhaben sind als andere. Ideal sind Papiere, die, wenn sie naß werden, noch eine gewisse Festigkeit aufweisen. Der Bogen sollte allerdings auch nicht zu steif sein. Er schmiegt sich sonst nicht gut an den Schleimgrund, das heißt, es entstehen häßliche Löcher im Muster.
Ich persönlich bevorzuge wenig strukturierte Papiere; mein Mann favorisiert Ingres-Papiere. Vom dünnen Aquarellpapier bis hin zum teuren Kupfertiefdruck-Papier läßt sich alles verwenden. Kleine Luftblasen und Schlieren fallen bei getöntem Papier weniger auf als bei strahlend weißen Bogen. Je nachdem, welchen Charakter die gewählten Farben haben, können sogar schwarze Papiere interessant sein.
Gleichgültig, welche Papiere gewählt wurden, sie bedürfen einer Vorbereitung, die mindestens einen Tag vor dem Marmorieren getroffen werden muß: Das Papier wird gebeizt. Für die Beizlösung benötigt man Kaliumaluminiumsulfat (Alaun). Aus meiner Erfahrung genügen 40 g auf 1 l Wasser. Zu kaufen gibt es dieses Salz in jeder guten Drogerie. Man kann natürlich der Einfachheit halber auch ein komplettes Marmorierset im Bastelgeschäft erwerben. In der Regel enthält es ein klei-

nes Marmorierwännchen, DIN A5, einige Farben, ein kleines Töpfchen Kleister, Wasserenthärter und Alaun. Preiswerter wird es, wenn man die Farben einzeln kauft, vom großen Paket Wasserenthärter, das für die Waschmaschine bestimmt ist, etwas abzwackt, den Tapetenkleister im Malergeschäft und das Alaun in der Drogerie kauft.
Zurück zum Papierbeizen: Das Alaun rührt man in heißes Wasser ein, damit es sich schnell und vollständig löst. Man kann einen Teil ansetzen und dann mit kaltem Wasser auffüllen. Manche Marmorierkünstler streichen die Beizlösung mit einem Schwamm aufs Papier. Ich möchte jedoch warnen: Jede Stelle, die nicht richtig mit Beizlösung eingestrichen wird, läßt danach die Marmorierfarbe abblättern. Auch verwechselt man leicht Vorder- und Rückseite. Ich setze lieber einige Liter Beizflüssigkeit an und tauche die Papiere nacheinander vollständig in die Beize. Bei dieser Tätigkeit empfehlen sich Gummihandschuhe; denn was Papier beizen soll, gerbt auch die Hände.
Zum Marmorieren soll das Papier trocken sein, jedoch noch etwas Restfeuchtigkeit enthalten. Wohin nun mit dem nassen Papier?
Beim ersten Mal habe ich Bogen für Bogen mit Klammern an die Wäscheleine gehängt! Das funktioniert zwar, jedoch ist eine andere Methode unbedingt vorzuziehen: Man rollt jeden Bogen nach dem Alaunbad einzeln zusammen und stellt ihn hochkant in eine Abtropfwanne. Wenn die Papiere nur noch leicht feucht sind, werden sie zwischen entsprechend große Resopalplatten gelegt. Bei größeren Stapeln empfiehlt es sich, immer wieder dicke, saugfähige und unbedruckte Pap-

pen dazwischenzulegen, diese saugen die Feuchtigkeit auf, die Papiere trocknen schneller. Für alle Wäscheleinenbenutzer sei noch gesagt: Die Papiere nicht im Heizraum trocknen und auch nicht der Sonne aussetzen, sie dörren sonst aus. Was die Konzentration der Beizlösung angeht, so sollte man des Guten nicht zu viel tun. Zu starke Beizlösungen können dazu führen, daß die Farbe abblättert.
Hier zusammenfassend nochmals eine Liste des Materials, das Sie sich besorgen sollten.

Sie benötigen:

○ ausreichend Zeitungspapier zum Abdecken der Arbeitsfläche, zum Trocknen der fertigen Papiere und zum Abziehen des schmutzigen Schleimgrunds

○ einen Arbeitskittel

○ eine flache rechteckige Schale, ein bißchen größer als die größten Papierbogen, die Sie marmorieren wollen

○ für den Schleimgrund: Tapetenkleister oder Carragheenmoos bzw. Irisch Moos

○ alternativ dazu Marmoriergrund aus dem Bastelgeschäft und Gelbildner

○ Farben: Spezialfarben aus dem Bastelgeschäft, mit Wasser zu verdünnende Lasurfarben, Tuschen, Tempera

○ Treibmittel: Ochsengalle, Terpentinöl und Petroleum aus der Drogerie

○ Geräte: Pipetten, Pinsel, Spatel, Nadeln, Vogelfedern, kleine Stroh- und Reisigbesen, Marmorierkämme, einen Gummiwischer (Abzieher), wie man ihn für Autoscheiben oder im Haushalt benützt

○ Papier: Saugfähiges Papier wie Skizzenpapier, Ingres-Papier, Zeichenpapier, Aquarell-Papier

○ Hilfsmittel: Wasserenthärter, Alaun (Kaliumaluminiumsulfat) zum Beizen des Papiers

○ zum Verdünnen und Aufbewahren der Farben: Pipetten; Joghurtbecher oder verschließbare Glasfläschchen

○ verschiedene Farbpulver, die auch zum Herstellen von Kosmetik verwendet werden (erhältlich in Apotheken und Drogerien)

○ Farben und Pinsel zum Überarbeiten von Marmorpapieren

○ Tusche und Schreibfedern für die Kalligraphie

○ Karton und Schere zum Herstellen von Schablonen

FARBAUFTRAG

1. Übung:
Auftrag einer einzigen Farbe

Der Schleimgrund wird am Vorabend angesetzt, damit er gut ausquellen kann. Sollte er zu dick sein, wird er verdünnt, bis er eine dickflüssige Konsistenz hat.
Die Marmorierschale wird zu zwei Dritteln mit dem Schleimgrund gefüllt. Für die erste Übung wurde blaue Marmorierfarbe verwendet, die man mit Wasser verdünnt, bis sie etwa so flüssig wie Tusche ist. Keine Angst, die Farbintensität wird dadurch nicht gemindert. Ist die Farbe zu dick, geht sie eher eine Verbindung mit dem Schleimgrund als mit dem Papier ein. Mit Pinsel oder Pipette wird Tropfen an Tropfen auf den Schleimgrund gesetzt. Dabei arbeitet man zügig, damit sich gleichmäßige Waben bilden und die Tropfen sich nicht unterschiedlich ausbreiten. Die Abbildung zeigt es genauer: Mit den großen Waben wurde begonnen. Alle Tropfen, die aufgebracht wurden, waren ursprünglich etwa gleich groß. Es fällt auf, daß sich die zuletzt aufgebrachten Tropfen kaum mehr ausgebreitet haben. Das liegt daran, daß die Farbfläche schon beinahe gefüllt war und nur noch wenig Platz blieb.
Erkennt man das, sollte keine weitere Farbe mehr auftropft werden. Sie bleibt sonst in sehr konzentrierten Punkten auf der Farbschicht sitzen und zeigt sich auf dem fertigen Blatt entweder in komischen Flecken, oder sie wäscht sich ab.
Nun wird das Papier aufgelegt; dabei muß man umsichtig vorgehen. Es hat sich bewährt, den Bogen an den beiden, diagonal gegenüberliegenden Ecken zu fassen und ihn von der Mitte her aufzulegen. Dabei sollte man nicht schieben und nicht ziehen, sonst erhält man Schrägstreifen oder schräg laufende Wellen im Bild.

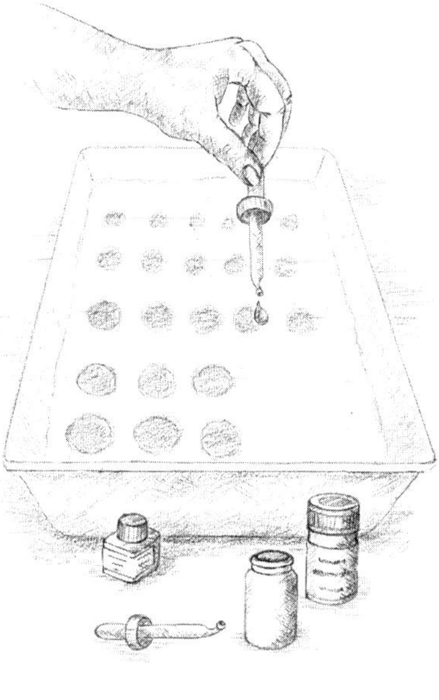

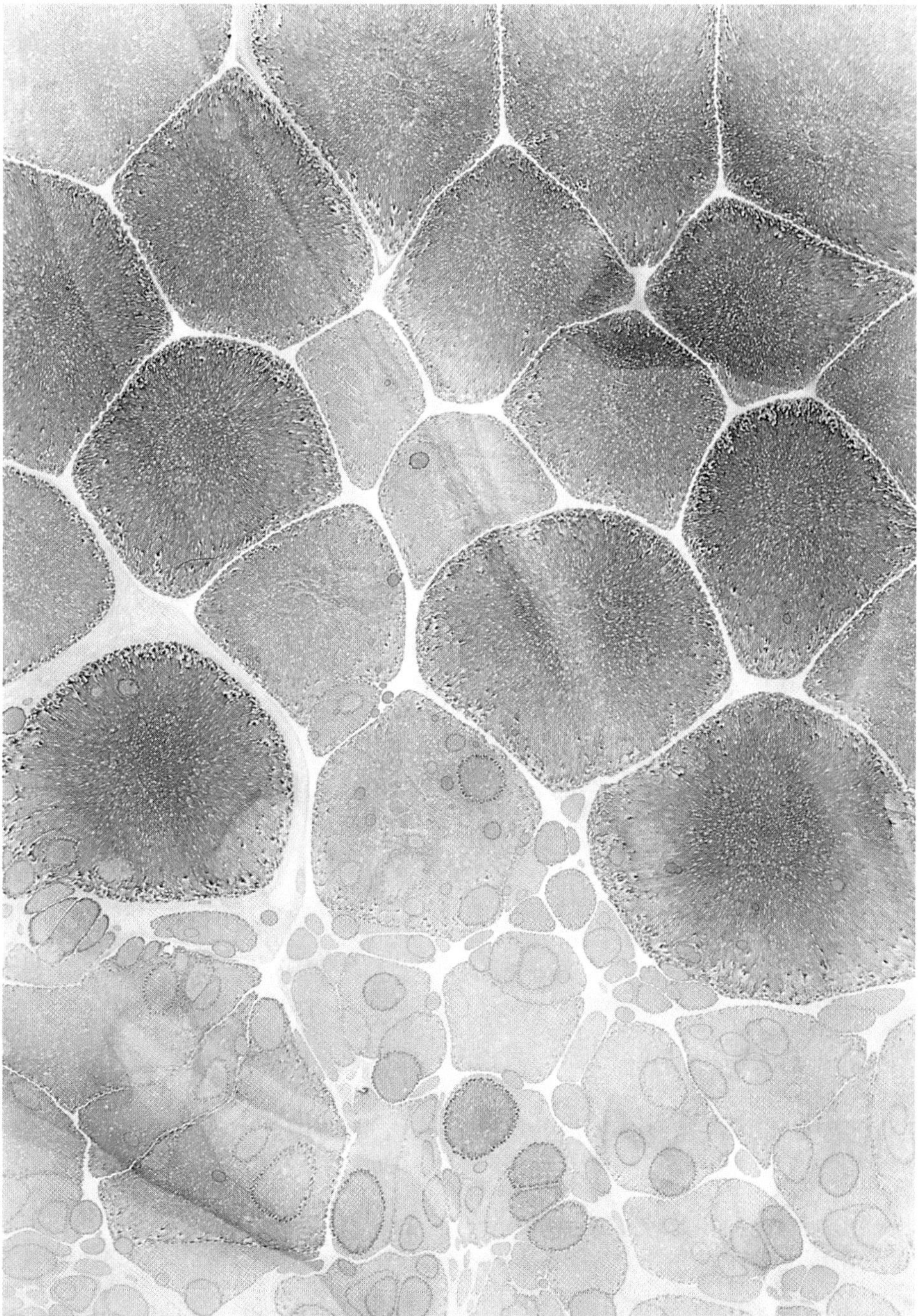

Freilich können diese Schrägstreifen oder Wellen auch Gestaltungsmittel werden, erscheinen sie jedoch ungewollt, können sie das Muster sehr stören. Schlimmer als Schrägstreifen und Wellen sind jedoch Luftblasen. Blasen, die auf dem Schleimgrund stehen, sollten deshalb, bevor das Papier aufgelegt wird, vorsichtig mit einer Nadel zerstochen werden. Liegt das Papier bereits auf, entstehen zwischen Farbschicht und Papier neue Blasen, die entfernt werden müssen.
Man sollte also bemüht sein, das Papier möglichst an allen Stellen anzudrücken, sonst verbleiben blinde Flecken im Muster, die meist störender sind als jeder andere Fehler. Man trommelt am besten mit den Fingerkuppen leicht auf das Papier, während es auf der Farbschicht liegt. Genauso, wie der Bogen in die Schale gelegt wurde, wird er auch wieder herausgeholt, nämlich an den sich diagonal gegenüberliegenden Ecken.
Nach diesem Arbeitsvorgang taucht nun die Frage auf, was mit dem farbig marmorierten, jedoch noch vom Schleimgrund klebrigen, Papierbogen geschehen soll.
Bei meinen ersten Marmorierarbeiten, hatte ich sehr große Bedenken bezüglich der Haftung der Farbe auf dem Papier. Da sich die Farbe nicht lösen sollte, habe ich jedes einzelne Exemplar auf einem Stück Zeitung sorgfältig zum Trocknen ausgebreitet. Der noch auf den Papieren verbliebene Kleister, der oft auch Farbüberschüsse beinhaltet, zog sich pfützenartig zusammen. Bei mehrmals wiederholten Versuchen, den Kleister mit Haushaltskrepp und Papiertüchern abzutupfen, konnte ich leider dennoch nicht verhindern, daß schöne Muster durch häßliche

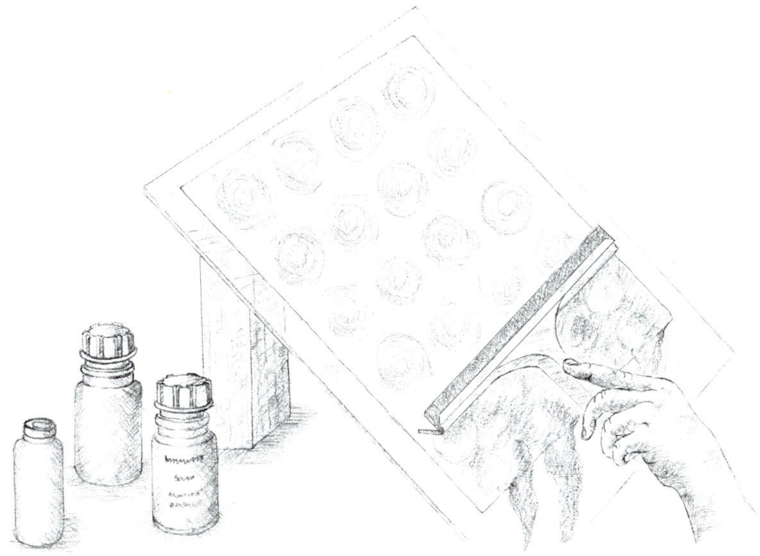

graue Flecken verunziert wurden. Dieses falsche Behandeln des marmorierten Papiers, ließ sich auch nachträglich durch vorsichtiges Abwaschen nicht mehr ändern, denn die graue Kleistermasse war zu diesem Zeitpunkt bereits in die Poren des Papiers gedrungen.

Auf dieser Erfahrung basierend, wurden die folgenden Arbeiten im Wasserbad vom Schleimgrund gereinigt. Dabei ist unbedingt zu beachten, daß das Papier nie unter einem Wasserstrahl abgewaschen wird, da sich sonst ein Teil der Farbe ablöst. Mit der Hand versuchten wir, die Bogen sauberzuwischen. Erst mit Hilfe eines einfachen Gummiwischers für Fensterscheiben gelang es uns, die Bogen schonend vom überschüssigen Wasser und Kleister zu befreien.

Zusammenfassend ist es empfehlenswert folgendermaßen vorzugehen: Das marmorierte Papier vom Schleimgrund, wie schon beschrieben, abnehmen. Anschließend in das bereitgestellte Wasserbad legen und es mit der Hand vorsichtig vom Schleimgrund säubern. Nun wird das Papier auf eine leicht schrägstehende Glasplatte gelegt, wie die obige Abbildung deutlich zeigt. Dabei liegt die eingefärbte Seite oben. Als letzter Arbeitsschritt wird mit einem Gummiwischer überschüssiges Wasser vorsichtig abgezogen, wobei immer von oben nach unten gewischt wird, so daß das Wasser ablaufen kann. Das Blatt trocknet bei dieser Methode schneller und sauberer auf.

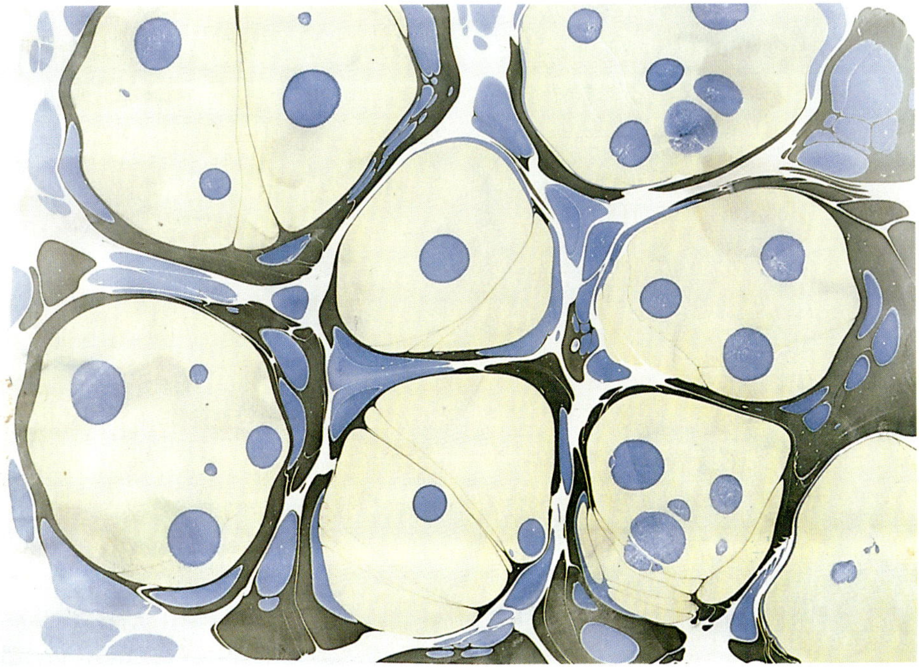

2. Übung:
Auftrag mehrerer Farben

Die zweite Übung unterscheidet sich nicht sehr von der ersten, außer daß schon mit zwei oder drei Farben gearbeitet werden soll. In diesem Falle sind es die Farben Schwarz, Grün und Blau.

Zuerst wird die schwarze Farbe aufgetropft. Sie verhält sich ähnlich wie die blaue Farbe beim ersten Beispiel. Sie bildet Waben.

Dann wird die grüne Farbe in die schwarze Farbe hineingetropft. Die grüne Farbe ist sehr ausdehnungsfreudig, auch dann, wenn schon eine andere Farbe vorhanden ist. Sie drängt das Schwarz zu Ringen zusammen.

Als drittes wird nun Blau aufgebracht. Wie man am abgebildeten Beispiel sehen kann, hat Blau nicht so agressiv reagiert wie Grün. Es hat sich in den freien Zwischenräumen verteilt. Solche Experimente sind immer wieder interessant. Bereits die Reihenfolge des Farbauftrags führt zu verschiedenen Resultaten. Auch die jeweilige Verdünnung der Farben ist ganz entscheidend. Verschiedene Farbkombinationen sorgen immer für neue Überraschungen.

An dieser Stelle möchte ich nochmals auf das Zusammenwirken von Schleimgrund und Farben eingehen. Gerade bei diesen Mustern, bei denen sich die Farben selbständig zu Bildern zusammenfügen und nicht nachträglich verzogen werden, zeichnet sich deutlich ab, welche Konsistenz der darunter liegende Schleimgrund hat. Ist er sehr zäh, werden die Muster starr, weil die Farbe kaum fließt. Ist der Schleimgrund eher flüssig, so werden die Muster lebhafter und bewegter.

3. Übung:
Aufspritzen der Farben

Allein durch das Auftropfen verschiedener Farben können wunderschöne Muster erzielt werden. Ein klassisches Muster ist der sogenannte Stein-Marmor oder auch „Schwartenmagen". Die Zufälligkeit und Lebendigkeit in der Anordnung der Farbtropfen wird folgendermaßen erreicht: Man bastelt sich einen kleinen Besen aus Reisig oder einen feineren aus Stroh. Er soll nicht größer sein, als der Pinsel lang ist. Hinten wird das Reisigbündelchen einfach mit Schnur umwickelt. Der kleine Besen wird in die Farbe getaucht, über die Marmorierwanne gehalten und über dem Zeigefinger abgeklopft. Je nach Verdünnung und Expansionsfreudigkeit der einzelnen Farben breiten sie sich unterschiedlich aus.

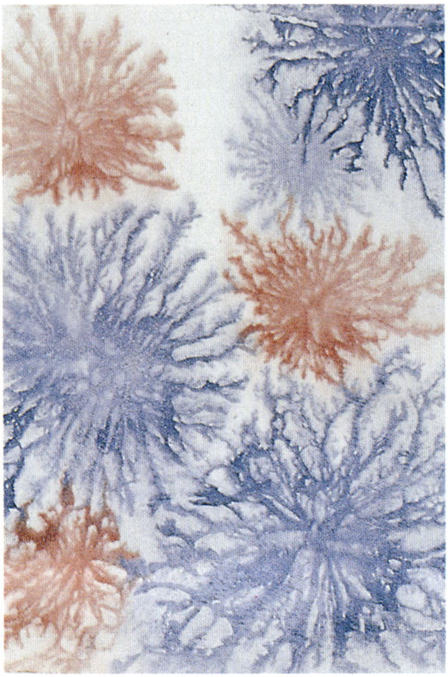

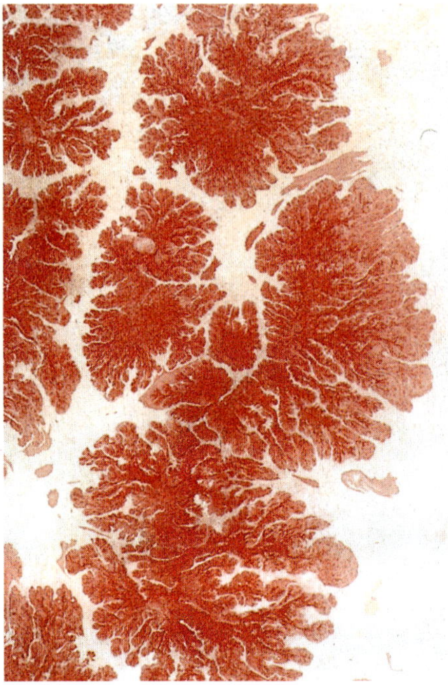

4. Übung:
Gebrauch von Treibmitteln

Treibmittel sind Flüssigkeiten, die die jeweiligen Farben in ihrem Ausdehnungsverhalten beeinflussen. Ein erstes Treibmittel, das als solches nie speziell aufgeführt wird, wurde bereits verwendet: Wasser. Durch die Zugabe von mehr oder weniger Wasser läßt sich das Ausdehnungsverhalten der Farben steuern. Weitere Treibmittel sind zum Beispiel Ochsengalle, Terpentinöl und Petroleum. Ochsengalle mußte man sich früher im Schlachthof besorgen, filtern und reinigen, mit Alkohol abmischen, abstehen lassen und wieder filtern. In diesem Punkt hat es der Marmorierkünstler von heute besser. In kleinen Fläschchen erwirbt er seine Ochsengalle fix und fertig zubereitet im Künstlerbedarfshandel. Terpentinöl und Petroleum sind sowohl in Drogerien als auch in Baumärkten und Heimwerker-Fachgeschäften erhältlich. Mit diesen verschiedenen Treibmitteln muß man ein bißchen experimentieren und so eigene Erfahrungen im Umgang mit ihnen sammeln. Je nachdem, ob man Temperafarbe, Marmorierfarbe oder Tusche verwendet, ist die Reaktion der Farbe auf die Beigabe dieser Treibmittel eine andere. Auch die einzelnen Pigmente, sprich die unterschiedlichen Farbtöne, können verschieden auf die Beigabe desselben Treibmittels reagieren. Ist das Wasser für die Ausbreitung der Farbe ausschlaggebend, so beeinflußt das entsprechende Treibmittel die Art der Ausblühungen. Die Abbildung mit den roten „Nelken" entstand, indem Temperafarbe stark mit Ochsengalle vermischt wurde. Durch Aufspritzen von Ochsengalle erzielt man Äderungen, wie man sie andeutungsweise auf dem rot-

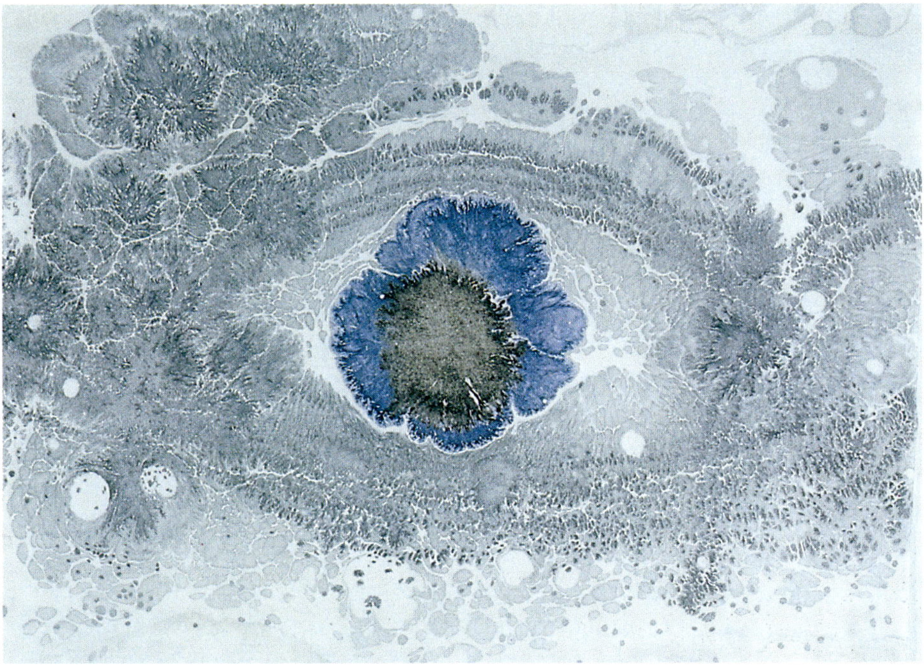

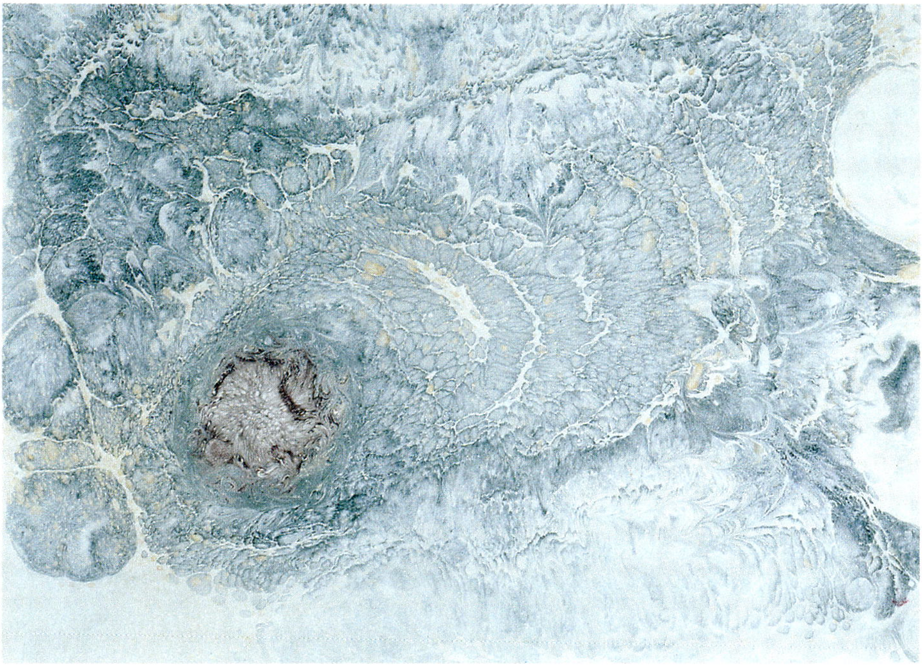

grünen Beispiel von Seite 17 sieht. Diese Technik wurde einst unter dem Namen „Ader-Marmor" kultiviert. Je nachdem ob man das Treibmittel der Farbe beimischt oder es auf die bereits in der Marmorierwanne angelegte Farbschicht mit dem Strohbesen aufspritzt, erhält man völlig andere Ergebnisse. Ochsengalle sollte man mit Wasser verdünnen.

Auf Seite 25 sind zwei Marmorierungen mit filigranen, graublauen Musterungen zu sehen. Sie sind folgendermaßen entstanden: Zuerst wurden die verschiedenen Farben mit dem Reisigbesen aufgespritzt. Dann wurde die Farbschicht mit einer äußerst feinen Petroleumschicht überzogen. Dies geht am besten, wenn man das Petroleum in eine Sprühflasche mit besonders feiner Düse füllt und es auf die Farbe aufsprüht. Petroleum bewirkt, daß sich die Farbe in ganz kleinen Partikeln zusammenzieht. Auf dem zweiten Bild sehen Sie die Farbe in Bewegung, und die Abbildung zeigt die „dahingehauchten" Schlieren.

Sehr schön sieht man die unterschiedlichen Farbreaktionen auch bei der Abbildung auf Seite 27. Keine Angst, wenn Petroleum oder Terpentinöl Fettflecken auf dem Papier zeigen; während das Papier trocknet, verflüchtigen sie sich wieder.

Aderbildung kann auch der Auftrag von Alaun auf dem Schleimgrund bewirken. Das Alaun wird auf den Schleimgrund aufgebracht, ehe man die Farbe auftropft. Die Alaunbeize soll etwa 80 g Kaliumaluminiumsulfat auf 1 l Wasser enthalten. Auch mit einem Gemisch aus Schellack und Salmiakgeist in Wasser kann man besondere Ergebnisse erzielen. Mit Terpentinöl haben wir die kosmetischen Metallpulver aufgeschwemmt, die wir für die schwarzen Marmorpapiere auf den Seiten 60 bis 63 verwendeten. Man kann auch Treibmittel in kleinen Tropfen partiell auf die Farbschicht geben. Versuchen Sie es einmal mit unverdünntem Terpentinöl nach Art des „Schwedischen Marmors". Die Tropfen treiben nicht auseinander, sondern bilden mit der Farbe sogenannte „Grießtropfen". Ein weites Feld für interessante Experimente. Allerdings kann man hier auch erleben, daß die Farben ausflocken oder der Schleimgrund kaputtgeht, weil man verschiedene Chemikalien zusammengebracht hat, die sich nicht vertragen.

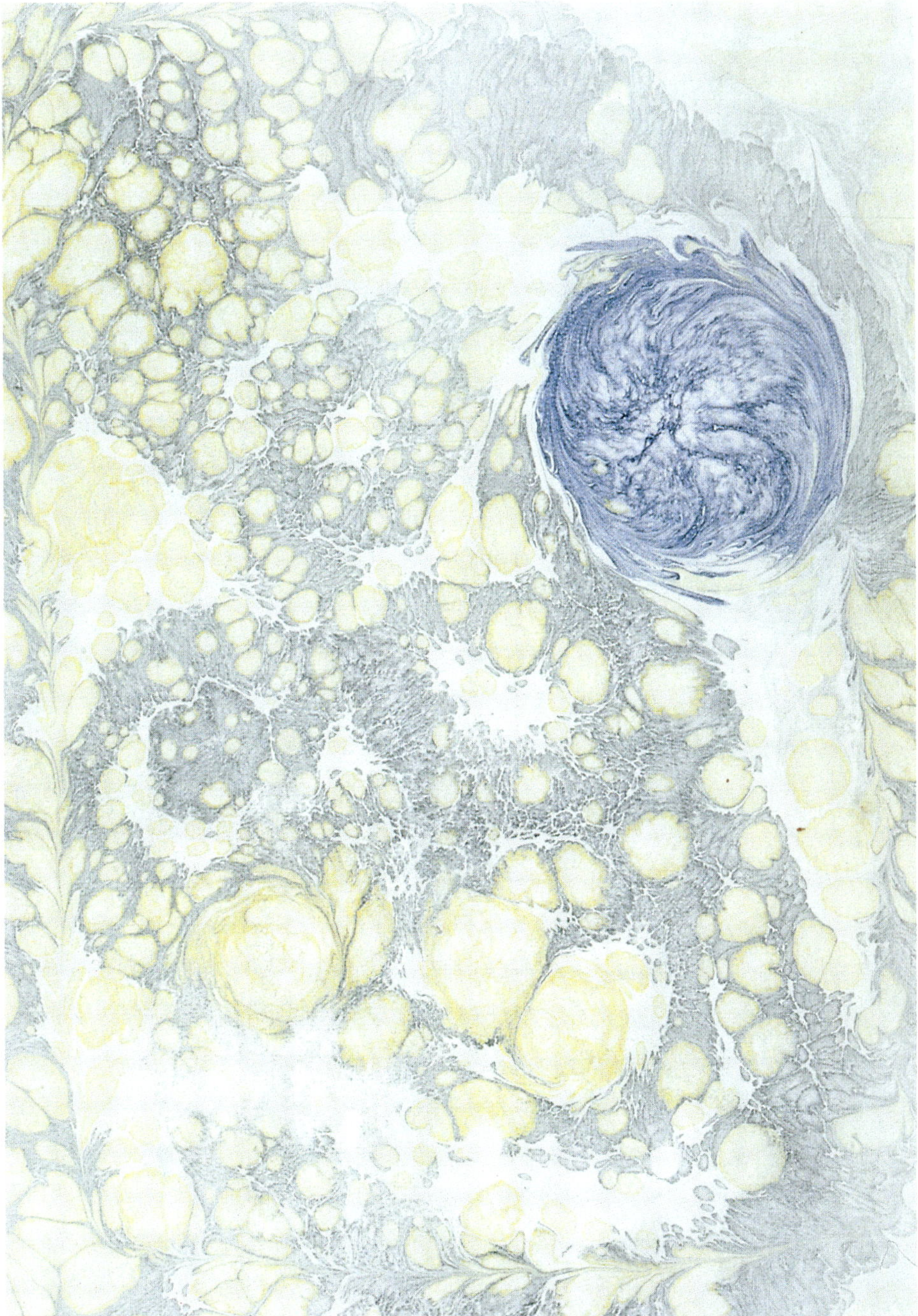

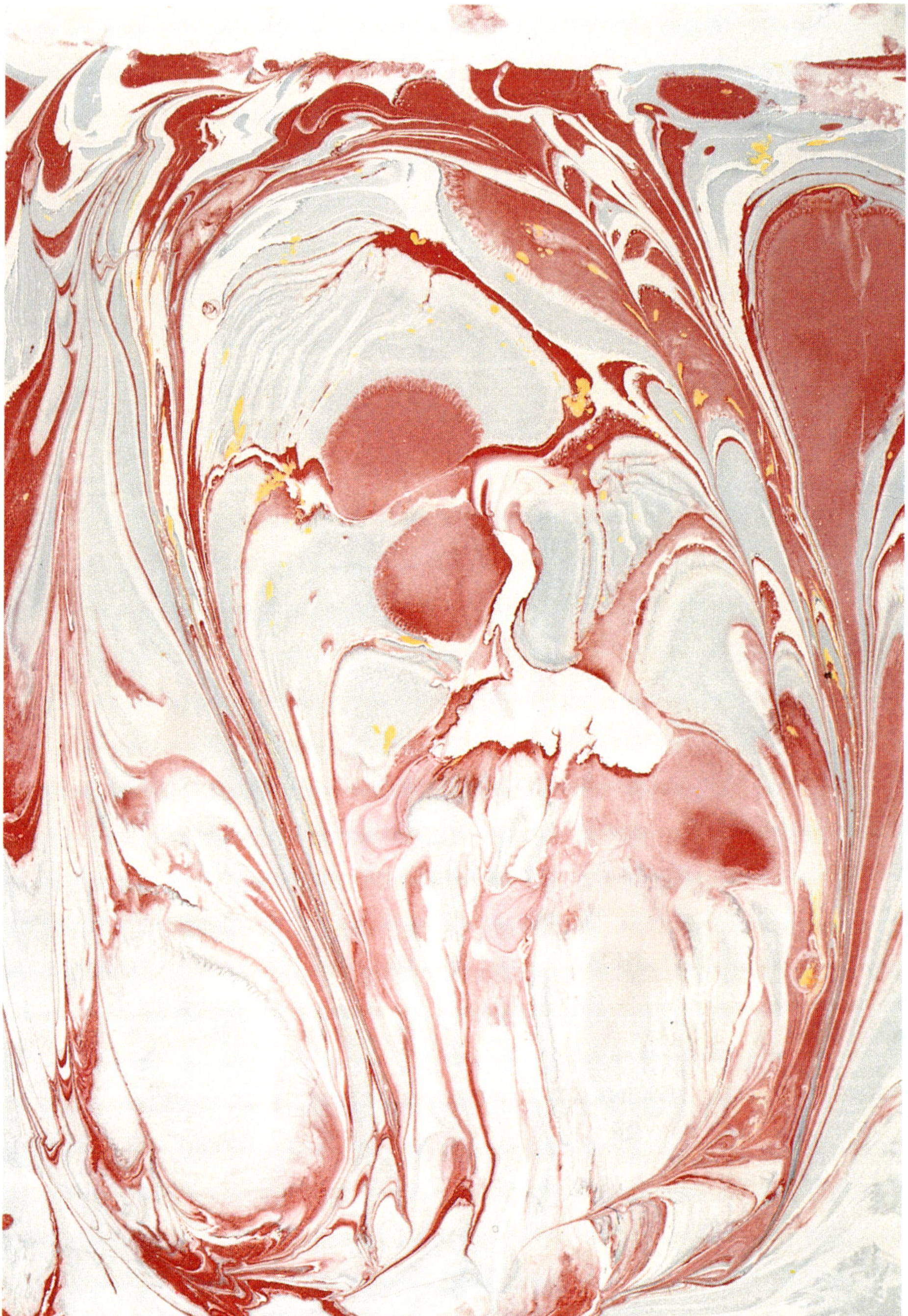

1. Übung: Farbe verziehen

Bisher war die Einflußnahme auf die Gestaltung der Marmorierung eher indirekt. Man kann aber auch direkt eingreifen, d. h. auf dem Schleimgrund malen. Mit dem Strohbesen zum Beispiel lassen sich die Farben auf den Grund aufspritzen und mit einem Pinselstiel oder einem Spatel verziehen. Auf Seite 28 ist ein solches Beispiel zu sehen. Rote und graue Farbe wurde kombiniert. Kleine gelbe Sprenkel beleben das Bild. Das Gelb zeigt keine Ausbreitung, weil es auf eine bereits geschlossene Farbschicht aufgebracht wurde. So setzt es sich obendrauf. Solche Dinge sind vorher zu bedenken, denn auch beim Verziehen der Farben wird eine Überdosierung nicht kaschiert. Im vorliegenden Fall sind die lebhaften Sprenkel begrüßenswert; ungewollt werden sie leicht zu häßlichen Schmutzflecken. Es ist also ratsam abzuwägen, ob man das Risiko eingeht, die Schleimfläche mit Farbe überzubelegen.

Noch gefürchteter als Farbflecken sind die weißen Flecken, die dort entstehen, wo das Papier nicht auf dem Schleimgrund aufliegt. Bei hundert Marmorierungen mit solchen „blinden Flecken" kommt es nur einmal vor, daß diese sich in das Muster einfügen.

Dieser seltene Fall ist bei Abbildung 28 eingetreten. In der Mitte des Bildes sitzt ein großer „blinder Fleck". Er paßt sich nicht nur ins Gesamtbild ein, sondern wird sogar zum zentralen Gestaltungsmittel.

2. Übung:
Farbpunkte verbinden

Für diese beiden Beispiele werden die Farbpunkte ganz diszipliniert mit Pinsel oder Pipette in Reihen untereinander und nebeneinander gesetzt. Die Farbe wird anschließend mit Spatel oder Pinselstiel verzogen. Ob man von der Oberkante der Marmorierschale aus zur Unterkante zieht oder von unten nach oben, es entsteht immer ein anderes Bild. Man kann es auch mit einigen Querläufen probieren. Viele schöne Muster lassen sich auf diese Weise erzeugen. Allerdings sollte nicht zu viel auf dem Schleimgrund herumgemalt werden, denn die Farbe dringt sonst in den Schleimgrund ein und dieser muß häufiger erneuert werden.

3. Übung:
Farbe mit einer Vogelfeder verziehen

Diese Arbeit beginnt mit Grün, das in regelmäßigen Reihen aufgebracht wurde. Dann werden willkürlich schwarze Punkte auf das Grün gesetzt. Das Blau wird mit dem Strohbesen darübergespritzt. Es hat sich nur wenig ausgebreitet und lustige „Wassertropfen" gebildet. Statt Spatel, Stricknadel oder Pinselstiel dient hier eine Vogelfeder zum Verziehen. Nicht mit dem Kiel, sondern mit den vorderen Spitzen, den Strahlen, wird in die labile Farbschicht gezeichnet.

Langgezogene Punkte reihen sich nun ganz eng hintereinander, wie ein Bewegungsablauf bei einer Langzeitbelichtung in der Fotografie.

4. Übung: Schnecken-Marmor

Die Abbildung dieser Seite ist ganz besonders lebhaft. Die Farben wurden in lockeren Reihen aufgebracht und mit der Vogelfeder zu Schnecken gezogen.

Auch „Schnecken-Marmor" findet man in überlieferten Musterbüchern. Diese Muster wurden nicht mit der Vogelfeder, sondern mit der Nadel fein gezogen. Seite 9 zeigt zwei alte Bücher mit klassischem Einband in Schnecken-Marmor.

Das Beispiel auf dieser Seite ist großflächig und von interessanter Farbigkeit. Die Vogelfeder hat beim Verziehen einen ganz eigenen Duktus. Der Schnecken-Marmor erhält damit eine ganz besondere Zeichnung. Tatsächlich wirkt der mit der Vogelfeder gezogene Schnecken-Marmor bewegter als der mit der Nadel gezogene. Bei der Vogelfeder wie bei der Nadel ist eines zu beachten: Hat man eine Schnecke gedreht und will die Nadel oder Zeichenfeder abheben, um an anderer Stelle weiterzuzeichnen, so ziehen Nadel wie Feder „Fäden" hinter sich her. Das heißt, etwas Farbe und Schleimgrund wird abgehoben. Setzt man Nadel oder Feder nun an anderer Stelle wieder auf, so legen sich die „Fäden" quer über das gezeichnete Muster. Auf dem fertigen Bild erscheinen sie als häßliche weiße oder farbige Striche. Bei der Nadel gibt es höchstens je einen solchen Strich, bei der Vogelfeder mehrere. Man muß das Zeichengerät also vorsichtig hochziehen und am Besten einen kleinen Lappen bereithalten, an dem man es rasch abstreifen kann.

KAMM-MARMOR

Die Scheu vor der Materie ist überwunden, es kann an die großen Klassiker gehen. Kamm-Marmorpapiere zieren längst wieder Tagebücher und Taschenkalender. Man erkennt sie am leichtesten als Marmorpapiere. Die erste Übung mit den Kämmen soll mit etwas Vorsicht angegangen werden. Man begnügt sich am besten mit zwei bis drei Farben und bewegt den Kamm nur in einer Richtung. Zieht man mit den Kämmen zu oft kreuz und quer, so bleibt nur noch eine wüste Farbsoße.

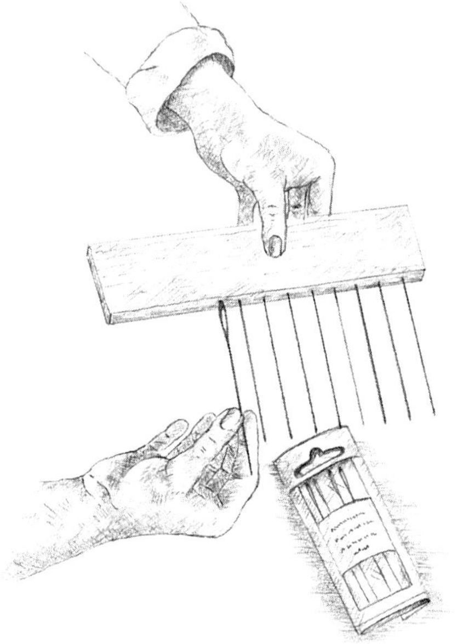

Die Farbtropfen können in schöner Regelmäßigkeit mit der Pipette oder lustig durcheinander mit dem Strohbesen aufgebracht werden. Zieht man den groben Marmorierkamm einmal durch die Wanne, ergibt das große, weite Bögen. Das auf Seite 35 abgebildete Papier wurde beim Einlegen in die Wanne etwas geschoben, dadurch erhält es die hier recht interessant wirkenden Schrägstreifen, die das Muster beleben.

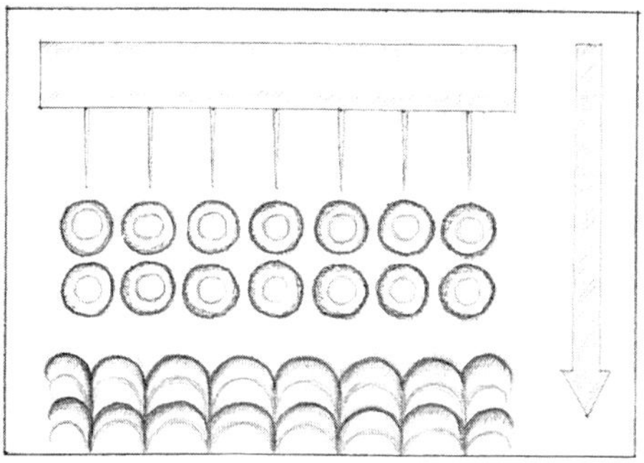

Mit einem Kamm, dessen Zinken enger beieinander liegen, erzielt man feingliedrigere Muster. Sehr interessante Gestaltungsmöglichkeiten bietet die Arbeit mit einem kurzen Kamm. Man kann Teile des Farbauftrages einzeln verziehen. Der kurze Kamm ist so wendig, daß man auch einzelne Farbpartien verziehen kann. Es entstehen sehr lebhafte Bilder. Auch hier ist oberstes Gebot, des Guten nicht zu viel zu tun. Dies gilt ebenso für die Anzahl der Farben: weniger ist mehr.

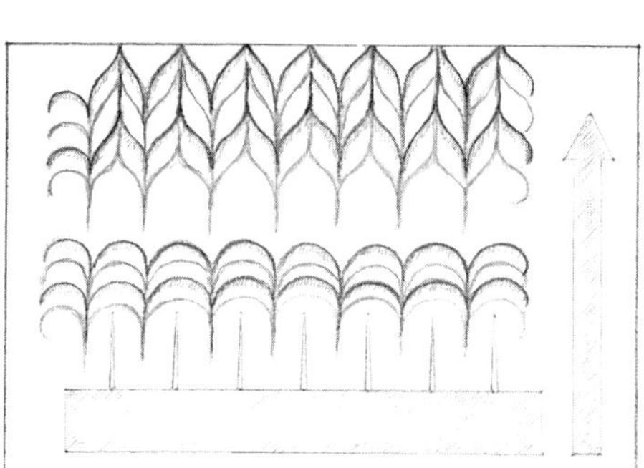

Die Abbildung auf Seite 36 zeigt eine gelungene Gestaltung. Drei Farben wurden gewählt. Davon ist eine, nämlich Grün, dominant, Blau dagegen wurde nur knapp eingesetzt. Mit dem Kamm wurde zuerst senkrecht von oben nach unten gezogen, dann, ein klein wenig versetzt,

von unten nach oben. Dadurch entstehen Bogen und Fischgräten. Die langgezogenen Fischgräten geben dem Bild eine gewissse Dynamik.
Einen ganz anderen Charakter hat die Abbildung auf Seite 37. Auch hier wurden drei Farben benutzt. Sie sind sogar fast zu gleichen Teilen vorhanden. Eine solche Gleichmäßigkeit führt normalerweiße zu sehr ruhigen, eher langweiligen Resultaten. Hier jedoch ist ein ungewöhnliches Blatt entstanden. Die Farben wurden deutlich voneinander getrennt aufgebracht und auch beim Verziehen wenig durchmischt. Verzogen wurden die Farben mit einem kleinen Kamm, der mehrfach abgesetzt und leicht gedreht wurde. Seite 38 zeigt wieder eine eher klassische Version. Vier Farben wurden verwendet, wobei Ockergelb nur akzentuierend ein-

gesetzt und mit der Pipette gezielt aufgetropft wurde. Ein kleiner, einzahniger Kamm wurde in waagerechter Richtung von oben nach unten gezogen. In überlappenden Bahnen wurde er durch die Wanne geführt, wobei die mittlere Bahn einen leichten Bogen bekam.
Noch raffiniertere Kamm-Marmorpapiere entwickelten die Buntpapiermacher im Europa des 17. Jh.: der Pfauen-Marmor. Zur Herstellung dieser, an das Rad des stolzen Pfaues erinnernden Muster, stellten sich die Marmorierkünstler Doppelkämme her.
Mit etwas Phantasie kann man gewiß auch Kämme entwickeln, die ganz neue, bisher nicht gekannte Muster hervorbringen.

FEHLERQUELLEN

Problem	Ursache und Abhilfe
Die Farbe schwimmt nicht auf dem Schleimgrund, sondern sinkt ab.	Die Farbe ist zu schwer: Die Farbe mit Wasser und/oder Treibmittel verdünnen oder den Schleimgrund dicker ansetzen.
Die Farbe sinkt nicht ab, breitet sich aber kaum aus.	Die Farbe ist zu konzentriert: mit Wasser oder Treibmittel verdünnen.
Mehrere Farben wurden aufgetragen, die letzte breitet sich nicht mehr aus.	Die Farbschicht ist schon gesättigt: weniger Farbe aufbringen.
Die Farbe breitet sich zu stark aus.	Es ist zuviel Treibmittel in der Farbe, oder der Schleimgrund ist zu dünnflüssig.
Beim vorsichtigen Abwaschen vom Papier löst sich die Farbe mit ab.	Das Papier war nicht gebeizt. Der Schleimgrund ist mit Farbresten verunreinigt: neuen Schleimgrund benutzen.
Die Farbe löst sich partiell ab.	Das Papier lag nicht an allen Stellen auf dem Schleimgrund auf: Drücken Sie es vorsichtig mit den Fingerkuppen an.
Blinde Flecken bleiben auf dem Marmorpapier.	Durch das Verziehen der Muster haben sich Luftbläschen gebildet: Sie müssen vorsichtig mit einer Nadel aufgestochen werden, ehe man das Papier auflegt.
Bläschen und Schlieren bilden sich auf dem Marmorpapier.	Das Papier wurde nicht gleichmäßig gebeizt oder ist stellenweise noch zu feucht.
Im Musterverlauf bilden sich Schrägstreifen ab.	Das Papier wurde beim Auflegen auf die Farbschicht ruckartig verzogen: Man nimmt das Papier an den sich diagonal gegenüberliegenden Ecken und legt es von der Mitte her auf; genauso nimmt man es wieder ab.
Die Farben flocken aus, zersetzen sich beim Aufbringen auf den Grund, oder der Grund gerinnt.	Es werden Chemikalien verwendet, die sich untereinander nicht vertragen: Verwenden Sie ein anderes Treibmittel.

Problem	Ursache und Abhilfe
Marmorierungen bluten noch nach dem Abwaschen aus, das heißt Farben laufen in Schlieren aus.	Es wurde zuviel und zu konzentrierte Farbe verwendet: Den Trocknungsvorgang überwachen und Schlieren mit Küchenkrepp abtupfen.
Beim Trocknen haben sich häßliche graue Ränder gebildet.	Zuviel Schleimgrund ist auf dem Bild verblieben: Nach dem Abwaschen können Sie das Papier mit einem Abzieher leicht abwischen.
Fehlerbeispiel Die Abbildung dieser Seite zeigt weniger technische als vielmehr gestalterische Fehler. Was immer bisher an Gestaltungskriterien für klassische wie auch für moderne Marmorierkunst aufgestellt wurde, hier wurde es über Bord geworfen.	Zu viele Farben wurden ohne sinnvolle Gewichtung kombiniert. So bleibt der Bildaufbau ohne Spannung.

FREIES GESTALTEN

Das Beispiel dieser Seite erfreut durch eine schöne Farbkombination. Zwei verwandte Farben wurden mit einer Komplementärfarbe kombiniert und mit der Nadel verzogen.

Es macht sehr viel Spaß, frei in die Farbschicht zu zeichnen. Nach den ersten Versuchen freien Experimentierens sollte man sich dann doch einen Plan zurechtlegen, ehe man beginnt, die Farbschicht zu manipulieren. Rührt man zu lange und zu sehr im Farbauftrag herum, so schafft sich Farbe in den Schleimgrund, und das Ergebnis enttäuscht.

Bei diesem Beispiel wurde dem Rot Terpentinöl beigegeben. Dadurch bildet es fein gefiederte Farbflächen.

Die verwendeten Farben Grün, Gelbgrün, Rot und Gold fanden äußerst sparsam Verwendung. Gold gibt es nicht in der Palette der Marmorierfarben. Man kann Goldtusche oder Metalleffektpulver verwenden, das mit Terpentinöl angerührt wird.
Für das vorliegende Blatt wurden alle Farben mit Terpentinöl verdünnt, damit sie schön zart verlaufen. Eine einzelne lange und spitze Stopfnadel diente als „Zeichenstift". Ineinandergreifende Schnecken in gleicher und gegenläufiger Richtung bestimmen das Gesamtbild dieser Marmorierung. Entstanden ist ein elegantes Schmuckblatt, mit dem man beispielsweise sein Lieblingsbuch einschlagen könnte.

Diese Schneckenmuster sind sehr beliebt. Frei aus der Hand heraus muß man sie in die labile Farbschicht zeichnen. Damit sie nicht kantig werden, sollte man mit der Hand vorher ein paar Lockerungsübungen machen.

Die Nadel oder Vogelfeder wird nicht schräg wie ein Bleistift in der Hand gehalten, sondern senkrecht zum Schleimgrund. Dann läßt man die Hand kreisen. Es gibt zwei Möglichkeiten, die Schnecken zu zeichnen, von innen nach außen oder von außen nach innen. Zeichnet man eine Schnecke von außen nach innen, so kann man mit dem ersten Schwung schon ihre genaue Plazierung beschreiben. Ist man dann in der Mitte angekommen, muß man die Nadel sehr vorsichtig abheben. Am besten führt man die Nadel langsam senkrecht nach oben und wischt sie schnell ab, sonst legt sich ein häßlicher Schleimfaden über das Schneckenmuster. Beginnt man die Schnecke von innen nach außen, hat man weniger Schwierigkeiten mit dem Absetzen, kann das Muster jedoch nicht so genau plazieren.

Lebendig wirken die Schneckenmuster, wenn die Schnecken nicht alle gleich groß sind, sondern wenige große Schnecken mit vielen kleinen in Beziehung stehen, oder wenn rechtsgedrehte und linksgedrehte sich begegnen.

Eine fröhliche, lebhafte Arbeit ist hier entstanden, obwohl alles ganz streng begann. In gleichmäßigen Reihen wurden abwechselnd rote und grüne Punkte aufgebracht. Als die Farbschicht schon fast gesättigt war, kamen noch einige Tropfen träges Blau dazu. Träge, weil die Farbe wenig Wasser und kein Treibmittel enthielt, so daß sie sich kaum noch ausdehnte. Mit der Nadel wurden die roten und grünen Punkte zunächst in senkrechter Richtung miteinander verbunden. Jedes einzelne Blütenblatt wurde sodann separat mit der Nadel weiterbearbeitet. Möglichst ganz unberührt blieben die blauen Punkte. Sie wirken jetzt wie blaue Luftbläschen, Luftballons oder Wassertropfen und machen das Bild so fröhlich.

Auch hier finden sich nochmals einzelne „Wassertröpfchen" wieder. Diese Arbeit ist sehr viel klarer in der Konzeption. Große, nachvollziehbare Formen ergeben ein „schweres" florales Muster. Schwer wirkt es durch den harten Farbkontrast von Rot und Schwarz zusammen mit dem großflächigen Muster.
Vergleicht man die Arbeiten der letzten vier Seiten miteinander, ahnt man bereits, welche Vielfalt der Ausdrucksmöglichkeiten in dieser eher starr anmutenden Marmoriertechnik stecken. Durch die Wahl und Verteilung der Farben, durch die Intensität der Farbtöne, durch die Art, wie man die Farbschicht manipuliert, ergeben sich unzählige Möglichkeiten, um verschiedene Stimmungen und Anmutungen zu erzeugen.
Hier wurde mit einem kleinen, groben Kamm und einem Spatel gearbeitet. Zuerst wurden mit dem Kamm die Bogenmuster angelegt, dann wurden die Farben mit dem Spatel in verschiedenen Richtungen verzogen. Auf der folgenden Seite schließt sich ein letztes Bild zum Thema „Freies Gestalten" an.

Ein altes Schränkchen könnte mit diesem Blatt ausgeschlagen sein. Es wirkt antik durch die Farbkombination und die partiell ausgewaschenen Farben.
Was eigentlich ein Fehler in der Vorarbeit war, wurde hier zum Gestaltungsmittel. Das Papier war nicht gleichmäßig mit der Beizflüssigkeit getränkt worden. Dadurch haftete die Farbe an einigen Stellen schlechter als an anderen. Um solche Pannen zu vermeiden, sollte man das Papier immer vollständig in die Beizflüssigkeit tauchen.

THEMENBEZOGENE ARBEITEN

Herbst

In diesem Kapitel sollen konkrete Themen erarbeitet werden. Präzise Sachdarstellungen bzw. Motive wie etwa in der Aquarelltechnik lassen sich in der Marmorierkunst allerdings nicht realisieren. Dafür ist sie auch gar nicht bestimmt. Den Eigenwillen der Farben, die auf dem Schleimgrund treiben, kann man nicht völlig in Bahnen lenken, man sollte es auch nicht versuchen. Herbst, das ist ein nicht zu eng gefaßtes Thema: Herbst, das ist Farbenpracht und doch auch grau und trüb, das ist Wind und fallendes Laub.

Mit der Nadel habe ich Spuren der angrenzenden Farben als Adern in das gelbe Blatt gezogen.

Bewegung
Von allen bisherigen Verfahren völlig verschieden ist die Technik, in der die Arbeiten dieser Doppelseite entstanden sind. Nicht manuell durch Hineinmalen, Verziehen der Farbe oder Auftropfen von Chemikalien wurden diesmal die Muster beeinflußt. Tatsächlich kann man auch ohne diese Methoden zu interessanten Ergebnissen kommen. Meine Intention war es, die vielen Wellenbewegungen von Wasser oder die Schwingungen, die ein Ton erzeugt, im Bild festzuhalten.
Die einfachste Möglichkeit, Wellen zu erzeugen, wurde bei den abgebildeten Beispielen angewendet. Nachdem man die Farben auf den Schleimgrund aufgebracht hat, bewegt man die Wanne hin und her. Die Farben beginnen zu laufen, an manchen Stellen schneller, an anderen langsamer. Je nachdem, wie oft man die Richtung wechselt, wie schräg man die Wanne stellt und wie weit man die Farbe laufen läßt, entstehen andere Wellenstrukturen.
Für Elektronikbastler gibt es nun die aufregende Möglichkeit, Töne und Tonfolgen sichtbar zu machen. Man muß nur die akustischen Schwingungen in Körperschwingungen übertragen. Das heißt, der Ton muß den Schleimgrund bewegen. Es empfiehlt sich hier natürlich etwas flüssigerer Grund, der selbst auf geringe Impulse reagiert.

Blumen

Sogar ein Ablauf, eine Entwicklung läßt sich in der Marmoriertechnik festhalten. Das erste Blatt zeigt den erwachenden Frühling: Blauer Himmel, braune, feinschuppige Erde und in der Bildmitte erste grüne Pflanzen, die ihr Blütenrot noch fest umklammern. Ganz wichtig sind hier wieder einige farbgestalterische Aspekte. Ein philosophischer und makrokosmischer Spruch findet auch auf diese bescheidene Arbeit Anwendung: „Alles ist in allem enthalten." Das heißt, der Himmel ist nicht nur blau, er ist auch rot und grün und braun, die Erde ist nicht nur braun, sondern enthält sämtliche anderen Farben in Spuren...

Ein Maler weiß, daß ein Bild „künstlich" wirkt und in Einzelflächen zerbricht, wenn die Farben scharf getrennt werden. Also

bewußt einige Tropfen Blau ins Wiesengrün, etwas Rot in den Himmel geben. Auch das Braun könnte man aus verschiedenen Farben zusammensetzen. Mischfarben vermitteln noch leichter zwischen den einzelnen Flächen. Auf Seite 51 und 52 erblüht die rote Blume. Wie die Sonne am Morgen hinter den Bergen, sieht die Blume hinter ihren grünen Blättern hervor. Dann steht sie in voller Blüte. Ihre roten Blütenblätter sind fein gefiedert, das Gelb strahlt wie eine Sonne.

Das vierte Bild im Zyklus zeigt schon das Verblühen an. Die roten Blütenblätter haben sich zurückgebogen, das Gelb tritt stark hervor.

Himmel und Erde

Diese Doppelseite zeigt keinen weiteren Zyklus, sondern zwei verschiedene Arbeiten zu einem Thema: „Himmel und Erde". Zwei Dinge sollen an diesen Beispielen deutlich gemacht werden: Erstens, daß die Aufgabe, die man sich stellt, nicht zu detailliert sein darf, es sei denn, man beherrscht seine Farben auf das genaueste. Zweitens empfiehlt es sich, immer Vorversuche zu machen und die Eigenschaften der Farben auch im Verhalten zueinander zu prüfen.

Deshalb wird man auch ein Thema nicht mit einem einzigen Versuch abhaken, sondern mehrere Versionen probieren. Was auf den vorausgegangenen Seiten über die Farbgestaltungskriterien gesagt wurde, gilt hier nicht minder. Auch die Erde enthält eine Spur Himmelfarbe, der Himmel etwas Sonnenfarbe...

Das erste Bild ist sehr dynamisch, trotz seiner betonten Horziontalen. Alles ist in Bewegung. Selbst die Sonne scheint eine fliegende Scheibe zu sein, die heiße Strahlen schießt.

Sehr viel ruhiger, jedoch nicht statisch wirkt das zweite Bild. Die Welt scheint sich geordnet zu haben. Es gibt ein Oben und ein Unten. In den Wolken sieht es zwar noch immer etwas unheimlich aus, aber sie sind vom blauen Himmel verdrängt worden.

Diese Beispiele machen deutlich, daß es einiger Übung bedarf, wenn man bewußt eine bestimmte Aussage erzielen will.

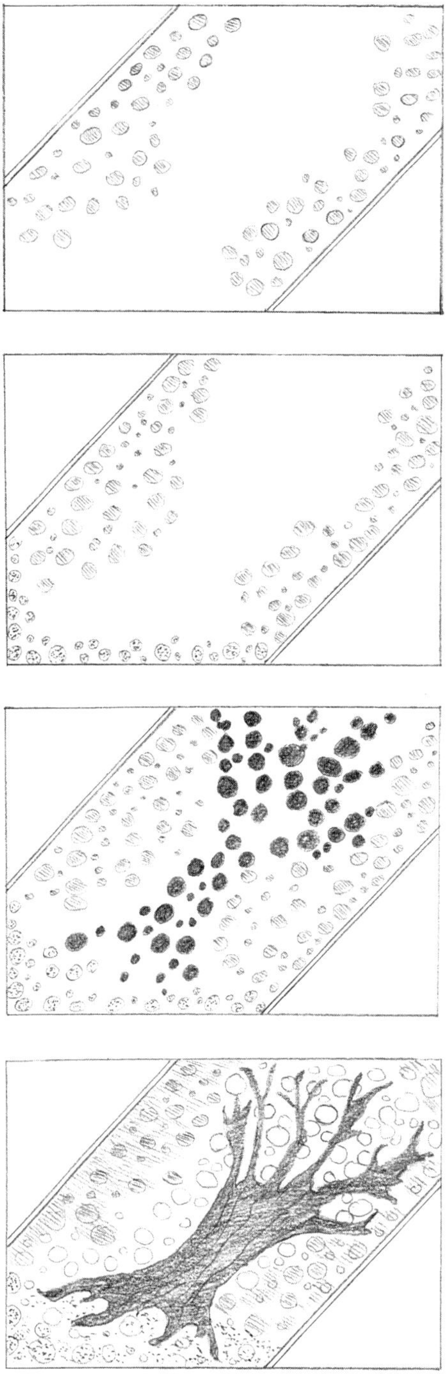

Der Ölbaum

Eine letzte themenbezogene Arbeit soll hier in einer Schritt-für-Schritt-Anleitung vorgestellt werden. Daneben und auf der Folgeseite wird je ein Ergebnis präsentiert. Beide Arbeiten sind in gleicher Weise entstanden.

Die erste Skizze zeigt, daß als erste Farbe Blau aufgebracht wurde. Die hellbraune Farbe für die Erde wurde an den unteren Schalenrand gespritzt, damit sie in ihrem Expansionsdrang nicht gleich das ganze Bild ausfüllt. Für den Baum wurden Grün und Schwarz aufgetropft, und sie füllten die Nischen in der Farbschicht, ehe das Braun sich ausbreiten konnte. Mit dem Spatel wurde schließlich das Schwarz zu Ästen, Stamm und Wurzeln verzogen.

Gerade bei so präzisen und illustrativen Vorstellungen von der Marmorierung, sollte man an Vorversuchen nicht sparen. Farben sollten in ihrem Zusammenspiel gekannt werden, um ihre Wirkung steuern zu können. Denn was vor zwei Stunden wunderbar klappte, funktioniert nun nicht mehr, weil sich inzwischen die Farbkonsistenz und die Konsistenz des Schleimgrundes geändert haben.

Die Abbildungen der Seiten 57 und 58 zeigen, daß man eine marmorierte Illustration nie identisch wiederholen kann. Sie wird immer verändert erscheinen.

TIPS UND IDEEN

Alle bislang besprochenen Arbeiten sind im wesentlichen mit den allgemein gebräuchlichen Materialien entstanden. Zur Sprache kamen bereits auch Metallpulver, die man gewöhnlich zur Kosmetikherstellung verwendet. Es handelt sich dabei um Effektpulver, die man in kleinen Säckchen zu ca. 20g kaufen kann. Zu beziehen sind sie in Geschäften, die verschiedene Zutaten zur Herstellung von Kosmetika anbieten. Zum Marmorieren kann man die einzelnen Pulver mit Terpentinöl aufschwemmen. Als Trägermaterial eignet sich Gelbildner, ein weißes Pulver, das mit Wasser angerührt, einen farblosen Pudding ergibt, den man beliebig verdünnen kann. Wir haben ihn statt Tapetenkleister und Irisch Moos verwendet oder auch einmal dem Tapetenkleister 1:2 bis 1:1 zugesetzt. Dieser Gelbildner ist nicht so klebrig wie Tapetenkleister. Wir haben die Masse kräftig mit dem Küchenrührgerät aufgeschlagen, sie wurde jedoch nicht so homogen wie der Tapetenkleister. Der Gelbildner blieb immer ein bißchen körnig. Nichtsdestotrotz haben wir ihn als Farbschichtträger eingesetzt, die Farben sind nicht abgesunken, und die Ergebnisse waren verblüffend. Mehr darüber auf Seite 64.

Ein ganz anderes Gestaltungselement soll hier noch angesprochen werden, nämlich der Einsatz von Schablonen! Schablonen sind Vorlagen, die man sich erstellt, um einen Bildteil in Form der Schablone einzufügen oder auszusparen. In der Einführung dieses Buches wird erwähnt, daß die Orientalen Schablonen verwendeten, um Platz für Kalligraphien frei zu halten. Man möchte zum Beispiel mitten in der farbkräftigsten Marmorierung ein weißes Feld haben, um dort einen Spruch einzu-

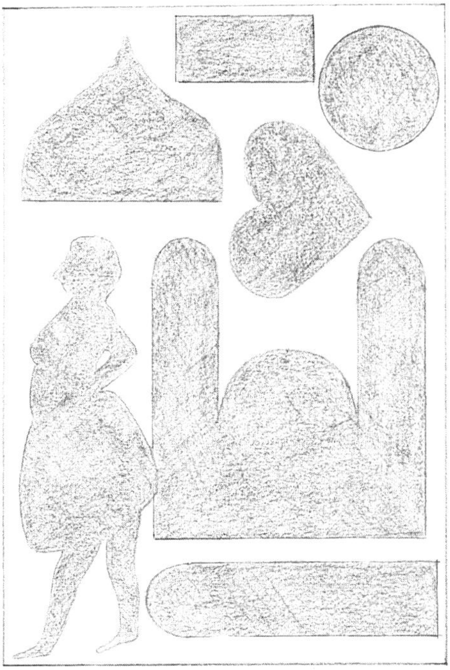

tragen. Aus einem Stück Papier wird eine Schablone geschnitten, die genau dieses Feld abdeckt, ein Rundbogenfenster vielleicht oder ein Kreis. Mit Montagekleber, den man wieder ablösen kann, befestigt man nun die Schablone auf dem zu färbenden Papierbogen. Den Bogen drückt man auf den Schleimgrund. Die Marmorierung färbt auch die Schablone. Da man diese jedoch wieder abnehmen kann, bleibt auf dem Bogen ein weißes Feld in der Form der Schablone. Schwieriger ist das Positiv-Schablonieren. Dieses Verfahren wird auf der Seite 66 beschrieben.

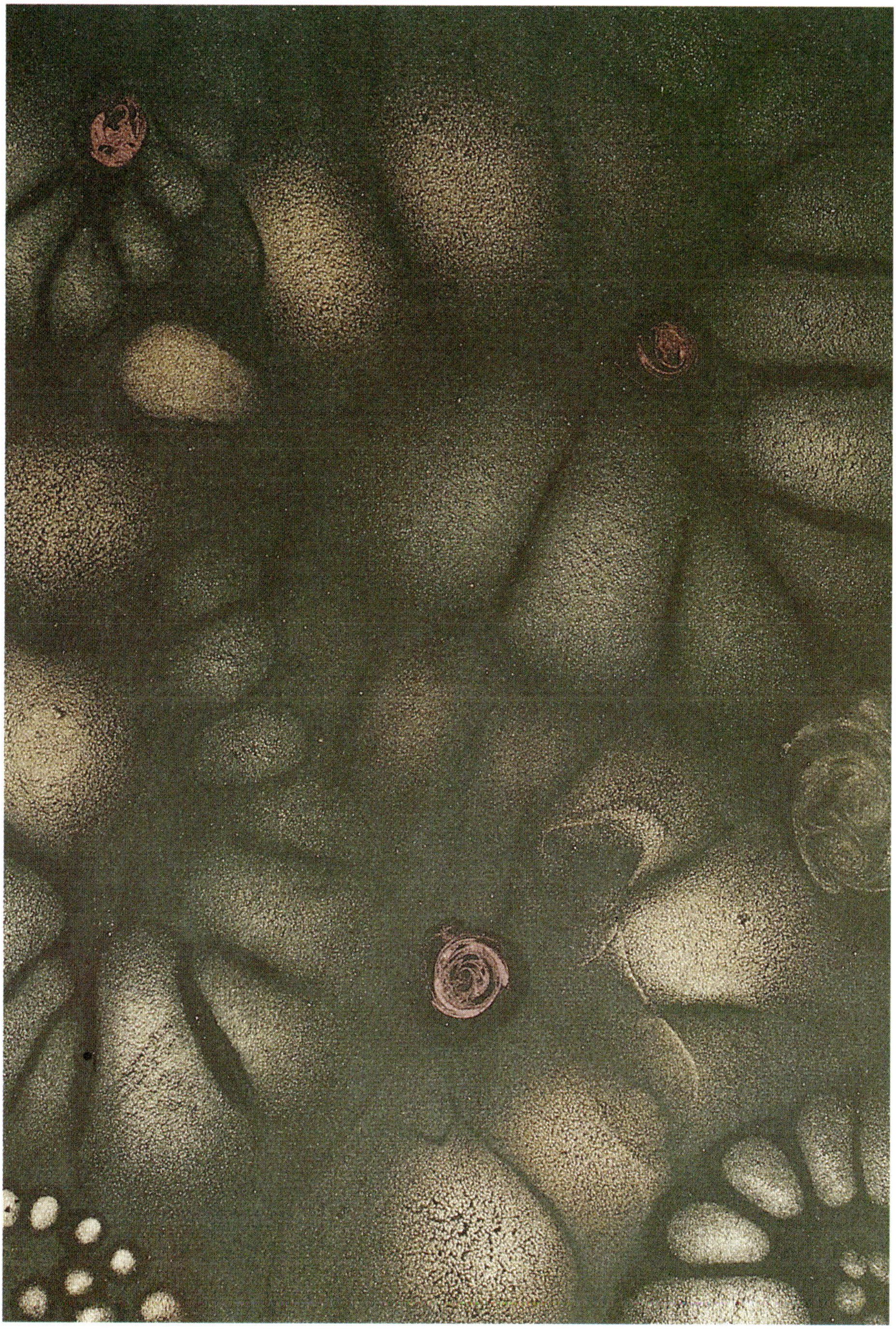

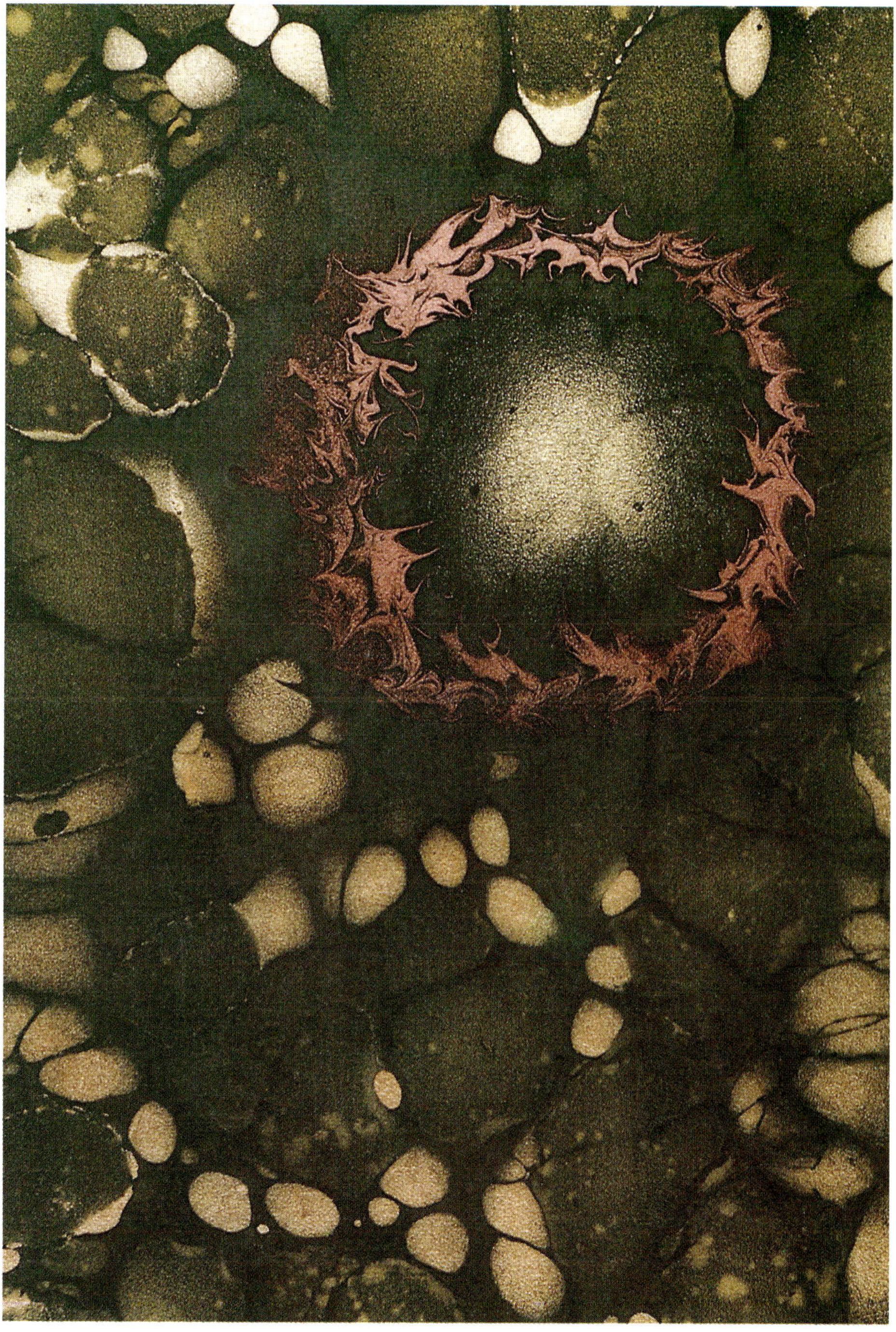

Gelbildner

Die besondere Wirkung dieser beiden Abbildungen läßt sich auf das andere Trägermaterial, den Gelbildner, zurückführen. Die ungleichmäßigen Farbschleifen entstehen, da der Gelbildner, im Gegensatz zu Irisch Moos oder Tapetenkleister, keine homogene Masse bildet. Die Oberfläche bleibt demnach uneben, und es sammelt sich mehr Farbe in den Vertiefungen als an anderen Stellen. Mehr oder weniger Farbe auf dem Gelbildner entspricht dickeren oder dünneren Farblinien auf dem Papier. Sie wirken sehr organisch und natürlich, da der Künstler nur indirekt Einfluß nehmen kann. Er kann die Farbe nur auftragen und zerfließen lassen, oder wie bereits beschrieben mit Nadel, Kamm oder Feder verziehen.

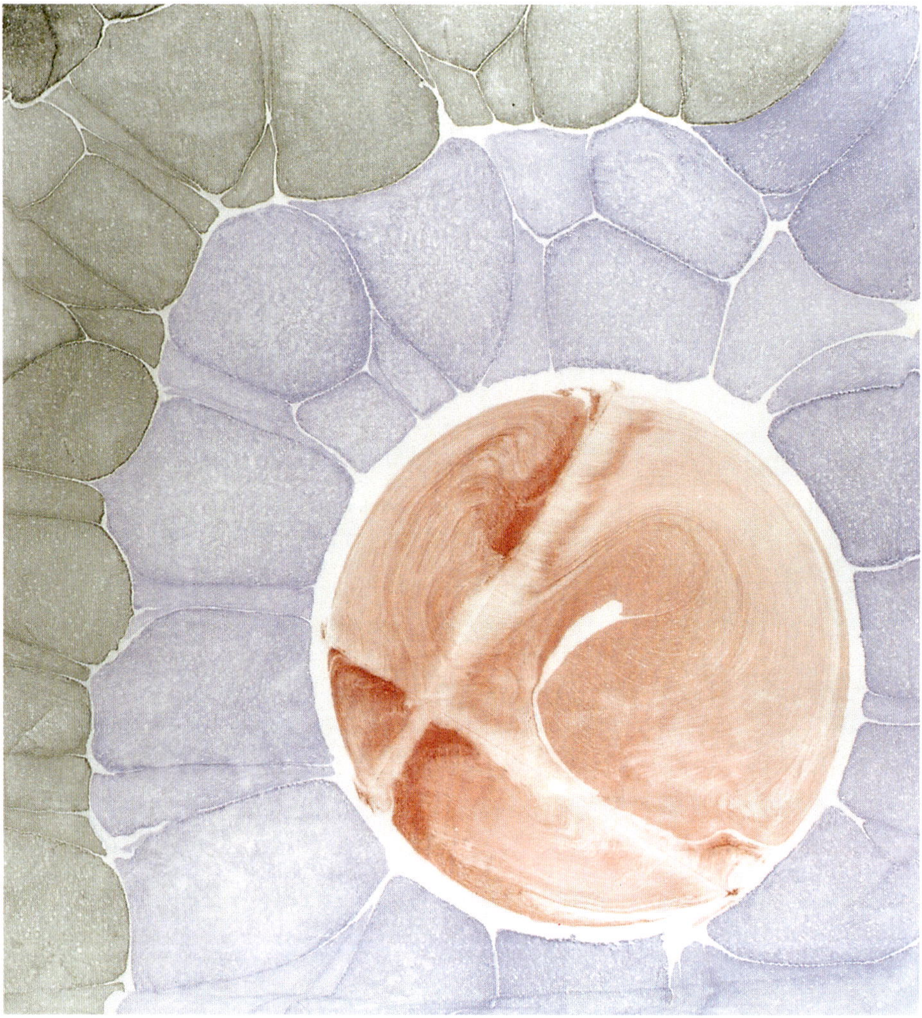

Positiv Schablonieren

Wie man eine Fläche ausspart, wurde bereits auf Seite 59 beschrieben. Viel schwieriger ist es, eine Fläche innerhalb der Schablone mit Farbe zu belegen.

Die drei Beispiele auf dieser Seite sind unter Verwendung von Holzringen entstanden. Diese Holzringe wurden wasserfest lackiert und in den Schleimgrund gedrückt, so daß der obere Rand gerade noch über der Oberfläche liegt. Dann wurde Farbe in den Ring getropft. Bei dieser Arbeit ist es ganz wichtig, daß die Schablone tatsächlich tief in den Untergrund hineinreicht und nur knapp oben herausragt, damit die Farbe nicht auseinanderfließen kann. Stehen die Ringe zu weit heraus, kann das Papier nicht richtig aufgelegt werden, und das Umfeld der Ringe bleibt weiß.

Kalligraphie

Die Möglichkeit der Kalligraphie soll hier gezeigt werden. Auf Seite 6 ist ein Marmorpapier in Verbindung mit einem Haiku zum Frühlingsboten geworden. Die Abbildung rechts ist eine Hommage an die Orientalen, die diese schöne Kunst zu uns gebracht haben. Das schablonierte Marmorpapier zeigt eine alte Signatur, die von einem arabischen Kalligraphen namens Hikmat entworfen wurde. Die Abbildung auf Seite 69 demonstriert, wie illustrativ eine Marmorierung werden kann, wenn sie mit dem entsprechenden Text zusammengebracht wird. Es züngeln förmlich die Flammen, wenn man die Verse aus der Edda ließt.

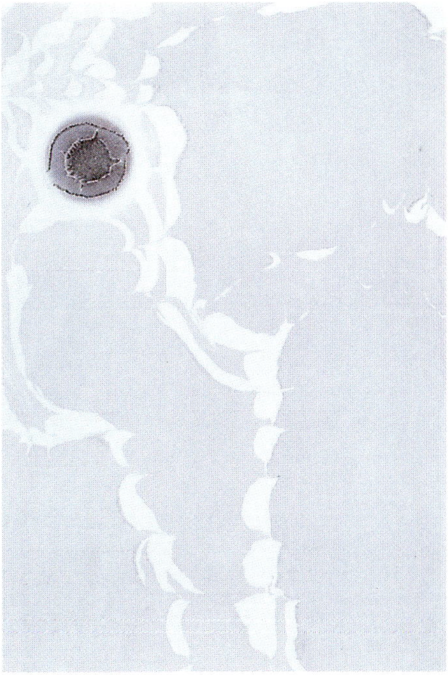

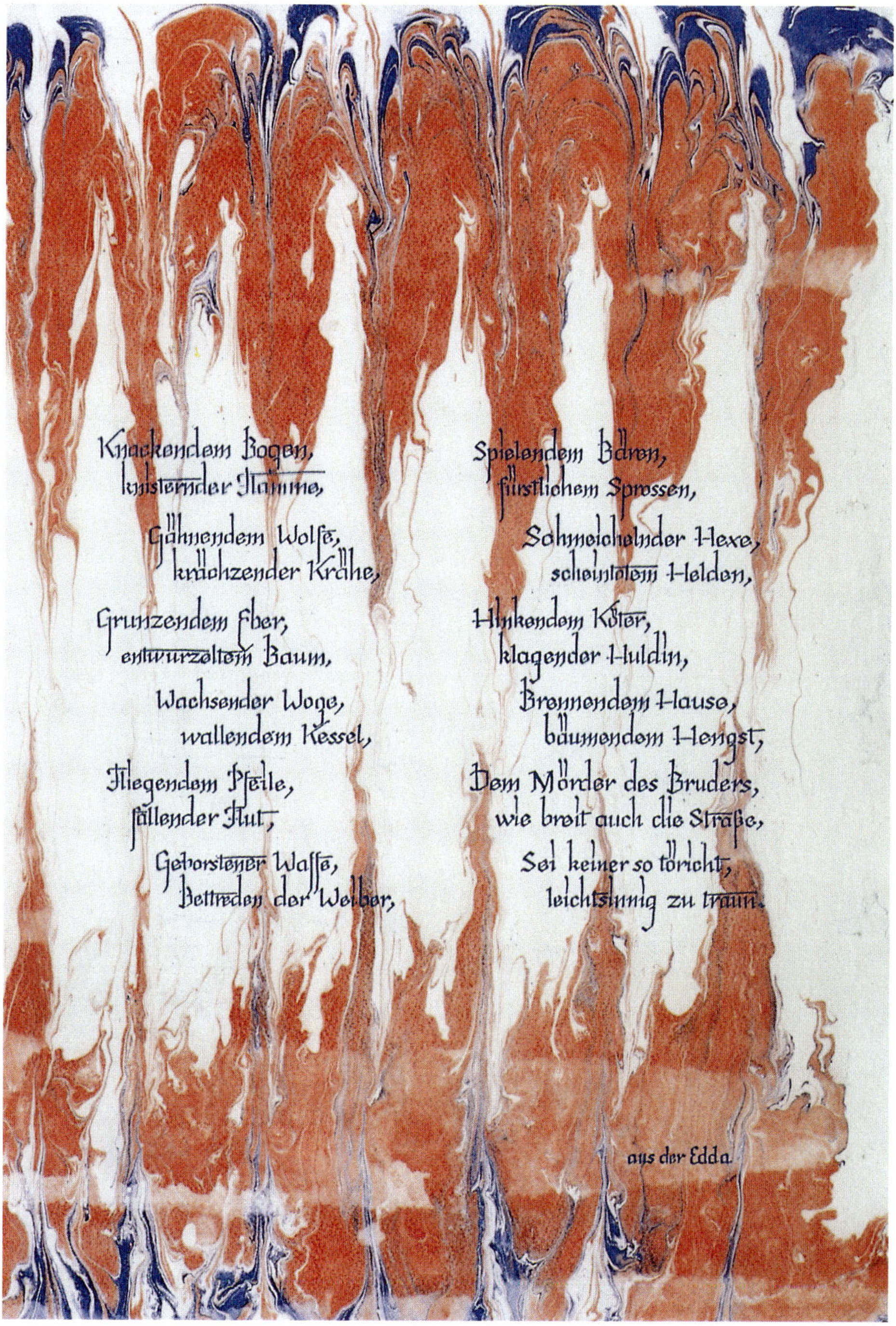
Knackendem Bogen,
knisternder Flamme,
Gähnendem Wolfe,
krächzender Krähe,
Grunzendem Eber,
entwurzeltem Baum,
Wachsender Woge,
wallendem Kessel,
Fliegendem Pfeile,
fallender Flut,
Geborstener Waffe,
Bettreden der Weiber,
Spielendem Bären,
fürstlichem Sprossen,
Schmeichelnder Hexe,
scheintotem Helden,
Hinkendem Köter,
klagender Huldin,
Brennendem Hause,
bäumendem Hengst,
Dem Mörder des Bruders,
wie breit auch die Straße,
Sei keiner so töricht,
leichtsinnig zu traun.
aus der Edda

ÜBERARBEITUNG

Das auf Seite 72 abgebildete Blatt war nicht wirklich fehlerhaft, aber es wirkt auf den Betrachter uninteressant. Die Farben hatten alle die gleiche Helligkeit, die gleiche Verteilung und Gewichtung; ein richtig fades Bild.
Ich habe es gedreht und gewendet. Da sah ich plötzlich einen Vogel darin sitzen. Wie beim vorhergehenden Blatt arbeitete ich vorsichtig mit Tempera in die Marmorierung hinein. Man muß sich Zeit lassen bei dieser Arbeit, muß den besonderen Charakter der Marmorierung erspüren, um im gleichen Duktus hineinmalen zu können. Es ist oft besser, etwas nur anzudeuten, als alles präzise festzulegen. Der Rücken des Vogels ist zum Beispiel kein bißchen bearbeitet. Nur durch das leichte Abdunkeln des Hintergrundes wird er dem Auge erkennbar gemacht.

Nicht alle Marmorpapiere gelingen zur Zufriedenheit. Besonders am Anfang hat man so manche Schwierigkeiten. Am schlimmsten sind die „blinden Flecken", weiße Flecken, die das schönste Bild zerstören. Trotzdem sollt man solche mißlungenen Arbeiten nicht resigniert wegwerfen. Wer weiß, was alles in ihnen verborgen ist. Man sollte gerade diese Blätter genauer betrachten als diejenigen, die besonders schön gelungen sind.
Groß abgebildet ist hier eines meiner mißlungenen Werke mit „blinden Flecken". Wie ich es so bekümmert betrachtet habe, begann es auf einmal zu leben. Ich sah wunderschöne Tänzerinnen. Ich mußte sie nur noch ein bißchen betonen und herausarbeiten, um sie auch anderen Betrachtern zeigen zu können.